KB150798

Georges Canguilhem

Georges Canguilhem

by Dominique Lecourt

Copyright © Que sais-je?/Humensis, 2008, 2016

All rights reserved.

Korean Translation Copyright © Greenbee Publishing Co., 2023

This Korean Edition is published by arrangement with Humensis, France through Milkwood
Agency, Korea.

철학의 정원 56

조르주 캉길렘

초판1쇄 펴냄 2023년 3월 8일

지은이 도미니크 르쿠르
옮긴이 박찬웅
펴낸이 유재건
펴낸곳 (주)그린비출판사
주소 서울시 마포구 와우산로 180, 4층
대표전화 02-702-2717 | **팩스** 02-703-0272
홈페이지 www.greenbee.co.kr
원고투고 및 문의 editor@greenbee.co.kr

편집 이진희, 구세주, 송예진, 김아영 | **디자인** 권희원, 이은솔
마케팅 육소연 | **물류유통** 유재영, 류경희 | **경영관리** 유수진

이 책의 한국어판 저작권은 밀크우드 에이전시를 통한 Humensis와의 독점계약으로 (주)그린비출판사에 있습니다.
저작권법에 의하여 한국 내에서 보호를 받는 저작물이므로 무단전재와 무단복제를 금합니다.
책값은 뒤표지에 있습니다. 잘못 만들어진 책은 구입처에서 바꿔 드립니다.
ISBN 978-89-7682-816-3 93160

學問思辨行: 배우고 묻고 생각하고 판단하고 행동하고
―――
독자의 학문사변행을 돕는 든든한 가이드 _그린비 출판그룹

그린비 철학, 예술, 고전, 인문교양 브랜드
엑스북스 책읽기, 글쓰기에 대한 거의 모든 것
곰세마리 책으로 크는 아이들, 온가족이 함께 읽는 책

조르주 캉길렘

도미니크 르쿠르Dominique Lecourt   박찬웅 옮김

그린비

일러두기

1. 이 책은 Dominique Lecourt, *Georges Canguilhem*, Paris: PUF, 2016(초판 2008)을 완역한 것이다.

2. 지은이 주는 미주로, 옮긴이 주는 각주로 처리하였다.

3. 단행본에는 겹낫표(『 』)를, 논문에는 큰따옴표(" ")를 사용했다.

4. 외국어 고유명사는 2002년 국립국어원에서 펴낸 외래어표기법을 따랐다.

옮긴이 서문

이 책 『조르주 캉길렘』은 어떤 주제를 처음 접하는 독자를 대상으로 삼는 프랑스의 유명한 총서 크세주(Que sais-je)에 포함되어 있다. 크세주 총서의 편집부는 저자에게 한정된 분량 안에서 주제를 명료하게 설명할 것을 요구한다. 초심자를 대상으로 이런 조건에 맞춰 글을 쓰는 것은 쉽지 않은 일이다. 따라서 저자로 선정되는 이는 통상 해당 주제에 관한 전문가이다. 이 책의 저자 도미니크 르쿠르는 바슐라르로부터 캉길렘을 거쳐 푸코에 이르는 역사적 인식론자의 계보를 잇는 연구자인 동시에, 스승 캉길렘과 가까운 관계를 유지한 제자이기도 했다. 이런 그가 조르주 캉길렘의 생애와 철학에 대한 크세주 총서를 집필하게 된 것은 자연스러운 일이었다.

그러나 일반적인 입문서를 염두에 두고 읽는다면 이 책은 다소 어렵게 느껴질 것이다. 르쿠르는 캉길렘의 철학을 개괄적으로 설명하고, 주요 개념들을 정의하고, 일반적인 쟁점들을 소개하는 방식으로 이 책을 쓰지 않았다. 르쿠르는 자신의 고유한 문제의식을 중심으로 스승의 글을 독해하고, 필요한 개념들을 인용한다. 이러한 점에서 사실 이 책은 입문서라기보다는 연구서에 가깝다. 크세주에 포함된 저서로서는 이례적으로 이 책은 프랑스의 일선 캉길렘 연구자들의 저서와 논문에 자주 인용된다. 은연중이었을지 모르겠으나 르쿠르 스스로도 "에필로그"에서 이 책을 "간략한 연구"라고 칭한다. 이미 캉길렘의 책을 읽어 보았거나, 캉길렘의 철학적 주장에 익숙한 독자가 아니라면, 르쿠르가 제시하는 독해의 방향과 수많은 인용의 저의를 파악하기는 쉽지 않다.

사실 르쿠르는 이 책이 연구에 가까운 입문서가 되리란 것을 머리말에서부터 예고하고 있다. 그는 다음과 같이 말한다. "나는 캉길렘이 자신의 저작을 대상으로 삼았다면 취했을 법한 방식으로 그의 글을 다루고자 했다." 캉길렘이 누군가의 저작을 대상으로 삼았다면 취했을 방식, 이 방식은 '역사적 인식론'을 의미한다. 지식 비판을 목적으로 삼는 역사적 인식론은 많은 방법론적 규정과 이념적 지향을 포함한다. 그렇지만 르쿠르가 이 책을 쓰며 가장 주의를 기울이는 사항은 캉길렘의 철학을 읽는 자기 의도의 현재성을 입증하는 것이다. 역사적 인식론은 지식 비판의 기획이 현재적 문제와 관련되었을 때에만 유의미하다고 간주한다. 우리는 어떤 지식의 과거, 과학의 역사를 되짚어 갈 수 있다. 그러나 어떠한 비판적 의도도 없다면, 이러한 작업은 단순히 백과사전적 흥미를 충족시키는 것에 지나지 않는다. 자본주의의 역사를 쓰는 것은 마르크스주의자이며, 여성 차별의 역사를 쓰는 것은 페미니스트이다. 이처럼 무엇보다도 역사적 고찰의 의도를 중시하는 역사적 인식론에 입각하여 캉길렘의 철학을 다루겠다고 천명한 이상, 르쿠르는 지금에 캉길렘의 철학을 읽어야 할 이유를 명확히 밝혀야 한다. 따라서 르쿠르는 입문서를 집어 드는 독자라면 누구나 마음속에 품고 있을 법한 질문, 즉 "캉길렘의 철학은 무엇인가?"라는 질문을 염두에 두고 이 책을 쓰지 않았다. 이 책은 오히려 다음과 같은 질문에 대한 답이다. "캉길렘의 철학을 왜 읽어야 하는가?"

　유일하게 연대기적 서술 방식을 채택한 1장을 제외하고, 2장부터 5장까지 르쿠르는 현재적이거나 영속적인 문제를 제기할 계기로서, 혹은 그러한 문제에 대한 하나의 답으로서 캉길렘의 철학을 다룬다. 2장에서 르쿠르는 이론과 실천, 개체와 유형, 의사-환자 관계 등 현재의 의학적 실천에서도 제기되는 문제들을 통해 캉길렘의 의학철학을 읽어 낸다. 이를 통해 캉길렘의 의학철학은 의학사의 어떤 시점에 등장했던 일종의 지침이 아니라 현행 의학에서 대해서도 유효한 성찰로 제시된다. 3장에서 르쿠르는 캉길렘이 역사적 인식론의 제창자인 바슐라르의 계승자로서 역사적 인식론에 어떠한 기여를 했는지를 검토한다. 여기서 제시되는 르쿠르의 독해는 일견 역사적 인식론에 관한 캉길렘의 논제를 개별화하는 것처럼 보일 수 있다. 그러나 그 이면에서 르쿠르는 역사적 인식론을 수정하고 활용하는 캉길렘의 동기를 보편화시킨다. 4장에서 르쿠르는 캉길렘의 철학에 대한 정의를 살펴본다. 그는 캉길렘이 제시했던 많은 정의 중에서도 철학이 모든 결정론적 설명과 윤리적 강압에 반하는, 예외를 보존하고 수호하는 저항이라는 정의에 방점을 찍는다. 이 정의는 이제껏 있어 왔던 것뿐만 아니라 앞으로도 이어질 철학적 사유의 가치에 대해 시사하는 바가 있다. 교육철학이라는 주제를 중심으로 캉길렘의 글을 독해하는 5장은 입문서로서 이 책이 갖는 독특함을 가장 잘 보여 주는 장이다. 이 책이 출판되기 전까지 캉길렘의 교육철학은 연구된 바 없던 주제이며, 따라서 여기서 분석되는 캉길렘의 글 또한 분석된 바 없다. 이러한 점에서 이 5장은 캉길렘의 철학을 통해 본인의 고유한 문제의식에 대한 답을 내리려는 르쿠르의 의도가 가장 명백히 드러나는 장이다. 르쿠르가 해석한 바, 교육에 있어 엄격함과 관대함을 양립시키는 캉길렘의 교육관은 현재에도 참조할 만한 가치가 있다.

캉길렘의 철학을 읽어야 하는 이유를 제시하는 르쿠르의 전략은 스승의 철학을 다방면의 현재적 문제들과 연결시키는 것이었다. 그런데 이러한 문제들은 아무리 대단한 통찰력을 가진 철학자가 언급한 것이라 해도 어디까지나 한 개인이 진단해 낸 문제이다. 이렇듯 개인이 제기한 문제를 중심으로 비판적으로 역사를 읽는 역사적 인식론의 서술방식을 차용했기 때문에, 이 글은 저자가 전면에 나타나는 글이 될 수밖에 없었다. 르쿠르가 이러한 서술방식을 택한 이유까지는 알 수 없다. 역사적 인식론자였던 스승을 기리는 한 가지 방식이었을 수도 있고, 역사적 인식론자인 본인의 역량을 펼쳐 보이려는 이유에서였을 수도 있다. 그 이유를 차치한다 하더라도, 우리는 입문서가 이러한 방식으로 쓰이기에 적합한 책인지는 되물을 수 있다. 역사적 인식론을 차용하며 현재적 문제와의 연관짓기가 요청되었고, 이 문제의 진단을 위해 개인적 관점이 도입되었으며, 그 결과 연구서에 가까운 입문서가 쓰여졌다. 이는 적절한 일인가?

이 지점에서 입문서 introduction의 의미가 무엇인지 짚고 넘어갈 필요가 있다. 불어에서 introduire는 무언가를 어디에 들어가게 한다는 의미이다. 이 의미는 누군가를 어디에 가입시키거나 무언가를 누구에게 소개한다는 의미로 확장된다. 어느 경우에나 introduire는 들여보내는 주체, 들여보내질 대상, 들어갈 곳이라는 세 가지 요소를 상정한다. 예를 들어 "나는 우편함에 편지를 넣었다"고 할 때에도 동사 introduire를 사용할 수 있다. 이 경우 들여보내는 주체는 '나'이고, 들여보내질 대상은 '편지'이며, 들어갈 곳은 '우편함'이다. 이 세 요소의 관계를 어떻게 상정하느냐에 따라 입문서에 대한 상이한 이해가 도출될 수 있다. 입문서를 둘러싼 세 요소는 저자, 독자 그리고 어떤 주제에 대한 정보, 혹은 담론이다. 어느 경우에나 들여보내는 주체는 입문서의 저자이다. 그러나 무엇을 어디에 들여보내는가? 우리는 저금통에 동전을 넣듯 독자의 머릿속에 어떤 정보를 집어넣는다고 생각할 수 있다. 반대로 우리는 도시에 관광객을 들여보내듯 담론 속으로 독자를 들여보낸다고 생각할 수도 있다.

전자의 의미로 입문서를 이해한다면, 자칫하면 연구와 혼동될 만한 이 책은 좋은 입문서가 아니다. 입문서의 목적이 불특정 다수의 독자에게 정보가 전달하는 데 있다고 생각했다면 르쿠르는 캉길렘의 철학에 대한 개인적인 관점을 최대한 덜고, 객관적인 정보만을 선별해서 가공했어야 한다. 예를 들면 연대기에 따라 사유의 변화를 서술하기, 가장 유명한 저서의 내용을 요약하기, 소위 중심 개념을 명확히 정의하기, 실상 누구의 관심도 끌지 않기 때문에 어떠한 반박도 받지 않을 스승의 철학에 대한 일반론을 소개하기 등의 방식을 취해서 말이다. 그러나 개인적 문제와 무관하여 누구나 접근할 수 있는 철학은 박제된 언어의 구조물에 지나지 않는다. 왕이 없는 시대에 왕관이 박물관에 안치되듯, 문제와 연관 없는 철학은 지적 유희를 즐기는 이의 구경거리로 전락한다.

반면 후자의 의미로 입문서를 이해한다면 문제적 관점을 명확히 할 것을 요구하는 역사적 인식론을 통해 어떤 철학을 읽어내는 것은 아주 적절한 전략이다. 르쿠르는 우리를 데리고 캉길렘의 철학에 들어간다. 그가 자신의 문제의식에 따라 그려낸 캉길렘의 철학을 우리는 목격한다. 달리 말해, 우리는 르쿠르의 시선을 빌린다. 다시 말하지만 이 시선을 구성하는 문제들은 개인적 문제이다. 따라서 그가 보여주는 캉길렘 철학의 면면은 현직 의사나 교육자의 관점에서 본다면, 혹은 철학이나 역사적 인식론에 대해 르쿠르와는 다른 관점을 지닌 독자의 관점에서 본다면 구태의연하거나 잘못된 것으로 비춰질 수 있다. 그러나 어떤 철학이 살아 움직이는 모습은 그 철학이 찬성 혹은 반대의 대상이 될 수도 있을 때에만 확인 가능하다.

르쿠르의 안내를 받아 살펴본 캉길렘 철학에서 감명을 받았다면 르쿠르의 캉길렘을 있는 그대로 받아들여도 좋다. 그러나 누군가의 문제의식이 다른 누군가의 문제의식과 한치도 어긋남없이 똑같은 것이 과연 가능한 일일까? 그가 보여 주는 캉길렘이 일말의 의심을 불러일으킨다면, 혹은 대단히 공감할 구석이 없게 느껴진다면 캉길렘의 철학을 달리 읽어 보도록 하자. 이 경우 독자는 캉길렘의 저서들을 직접 읽어 보고, 르쿠르뿐만 아니라 다른 연구자들의 캉길렘에 대한 글도 찾아봐야 할 것이다. 더 나아가 캉길렘의 철학을 살아 있는 것으로 만들 동력, 즉 새로운 문제의식을 공급하는 것 또한 독자의 몫이다. 이러한 비판적 독해에 착수하게 되었다면, 감히 말하건대 독자가 선 그곳이 철학적 사유의 본령이다. 이곳이 르쿠르가 궁극적으로 우리에게 펼쳐 보이고자 했던 광경을 볼 수 있는 곳이 아닐까 생각한다.

2023년 2월 28일

이브리-쉬르-센느에서

박찬웅

머리말

"철학의 진정한 가치는 사유를 다시 사유하게 하는 데 있다."[1]
——폴 발레리.

조르주 캉길렘의 주저 『정상적인 것과 병리적인 것』*Le Normal et le Pathologique*(1943)[2]의 영문 번역판 출간을 계기로 미셸 푸코(Michel Foucault, 1926~1984)는 미국 대중들에게 이 작품의 중요성을 일깨워 주고자 했다. 병 때문에 이미 상당히 쇠약해 있었던 푸코는 『형이상학과 도덕평론』*Revue de métaphysique et de morale*에 실렸던, 항상 자신의 스승으로 소개해 온 캉길렘의 저작에 헌정한 글을 수정해 번역판의 머리말을 썼다.[3] 많은 사람들이 『광기의 역사』*Histoire de la folie*[4]의 저자가 당시 유행이었던 캉길렘적 '사고 실험'을 통해[5] 자신의 스승을 "그 기이한" 1960년대의 핵심적 사상가로 그려 냈다는 사실을 기억한다.

　"캉길렘을 생략한다면 프랑스 마르크스주의자들 사이에서 일어났던 논쟁 일련의 중대한 지점을 이해할 수 없을 것이다. 피에르 부르디외, 로베르 카스텔, 장-클로드 파스롱과 같은 사화학자들의 특별한 점도, 사회학의 장에서 이들을 그토록 돋보이게 하는 점도 포착할 수 없을 것이다.[6] 또한 정신분석가, 특히 라캉주의자들의 작업의 전모를 놓치게 될 것이다.[7] 이보다 더 많은 문제가 생길 것이다. 왜냐하면 68운동을 전후로 일어난 모든 이념적 논쟁에서 어떤 식으로든 캉길렘에게 교육받았던 이들을 발견하기는 쉬운 일이기 때문이다."

사람들은 푸코가 이 상황을 "역설"로 표현했다는 사실에는 그리 주의를 기울이지 않았다. "간소하고, 짐짓 한정적이며, 어떤 식으로든 화려한 분야로 여겨지지 않는 과학사의 특정 영역에 열중했던 이 인물은 스스로를 드러내지 않기 위해 많은 주의를 기울였던 논쟁 속에 어떤 식으로든 등장하고 있었다."

이 역설을 명확히 하고 제거하기 위해 푸코는 이어지는 글에서 본인의 고유한 관점과 언어를 통해 현대 프랑스 철학에 대한 간략한 계보학적 밑그림을 제시한다. "한편에는 사르트르와 메를로-퐁티의 계보가 있다. 다른 한편에는 카바이에스, 바슐라르, 쿠아레 그리고 캉길렘의 계보가 있다."[8] 혹은 한편에는 "체험, 의미, 주체의 철학"이 다른 한편에는 "앎, 합리성, 개념의 철학"이 있다.

이를 통해 역설이 해소되었을까? 사실은 푸코가 미국의 독자를 염두에 두고 캉길렘을 1960년대 사유의 일종인 데우스 엑스 마키나*로 만들고자 했던 것은 아닐까? 캉길렘이 시대적 논쟁에 대해 날선 "유보적" 태도를 취했다는 전기적 해설을 개인적 전략을 동원한 본인의 역사적 개괄에 더함으로써 푸코는 역설을 해소한다기보다는 더욱 난해하게 만든다.

푸코 또한 이 같은 사항을 주지하고 있었다. 왜냐하면 그가 다음과 같이 말하기 때문이다. 캉길렘은 생명체에 대한 과학과 의학이라는 본인의 선호 대상을 통해 "상대적으로 무시되어 온 영역에 대한 재평가 이상의 것을 해냈다. 그는 단순히 과학사의 영역을 확장한 것에서 더 나아가 몇 가지 본질적인 점에 있어서 영역 자체의 틀을 다시 짰다".[9]

"생(Vie) 안에서 개념에 대해 사유하기"**라는 이 재편성의 동기가 아주 심원한 것이었기 때문에 "오류의 철학자"인 캉길렘은 그가 속해 있던 "합리주의적" 전통의 영역을 넘어서는 것으로 보인다. 그리고 푸코는 그 파급력을 헤아려 보아야 할 용어들을 사용

---

* 데우스 엑스 마키나(Deus ex machina)는 '기계장치의 신'을 의미한다. 고대 그리스 연극에서는 서사가 절정에 이르렀을 때 초자연적인 존재가 등장하여 모든 문제를 해결하는 전개 방식이 자주 사용되었다. 이 초자연적 존재의 등장을 연출하기 위해 기계장치가 동원되었던 것에 착안하여 이 같은 전개 방식을 '기계장치의 신'이라고 부르게 되었다.

** 프랑스어 Vie를 국문으로 번역하면 문맥에 따라 생명, 삶, 인생 등으로 다르게 번역될 수 있다. 예를 들어 'Science de la vie'는 '생명과학'으로, 'Expérience de la vie'는 '인생 경험'으로 번역될 수 있을 것이다. 이를 고려하여 이 책에서는 Vie가 과학적 맥락에서 배제적으로 거론될 경우 '생명'으로, 인간적 맥락에서 배제적으로 거론될 경우 '삶'으로 번역했다. Vie가 이 두 맥락을 모두 지시하는 경우에는 '생'으로 번역했다.

하여 다음과 같이 결론 내린다. "이 지점에서 사람들은 철학사의 근본적 사건들 중 하나에 마주친다. [⋯] 지식이 세계의 진리를 향한다기보다는 생의 '오류'에 뿌리내리고 있다면 주체에 대한 모든 이론은 재정립되어야 하지 않는가?"

이렇게나 과장된 찬사는 캉길렘에게 그리 어울리지 않는다. 무엇보다도 캉길렘은 푸코가 제시하는 양자택일에 동의할 수 없을 것이다. 캉길렘에 따르면 지식은 분명 생의 오류에 뿌리내리고 있지만 세계의 진리를 향해 있기도 하다.

이것이 오늘날 우리가 재발견할 산재된 텍스트들을 통해 1930년대 초부터 형성된 캉길렘의 사유가 과학사가, 의철학자 혹은 생명과학 철학자의 사유로 환원될 수 없는 이유이자 1960년대의 "기념비"로 간주될 수 없는 이유이다.

캉길렘이 그가 유명해졌던 "1960년대"로부터 40여 년이 지난 오늘날에도 탐구할 만한 가치가 있는 새로운 길을 열 수 있었던 이유는 그가 판단과 가치에 천착하는 쥘 라뇨(Jules Lagneau, 1851~1894)와 알랭(Alain, 1868~1951)이 속한 "재귀적 분석"의 철학적 전통과 바슐라르적 인식론의 전통 사이에서 팽팽한 긴장을 견디고, 앙리 베르그손(Henri Bergson, 1859~1941)의 저작과, 이와는 다소 다른 의미에서 프리드리히 니체(Friedrich Nietzsche, 1844~1900)의 저작에 대해 반발을 유지하면서도 인접해 있었으며, 마지막으로 오랜 기간 지속적으로 프로이트의 저작에 나타나는 가르침들에 대해 숙고해 왔기 때문이다.

　오늘날 의학과 생물학이 희망만큼이나 두려움을 불러일으킨다 해도 말년에 쓴 자신의 글 중 하나에 "진보라는 관념의 쇠퇴"La décadence de l'idée de progrès[10]라는 제목을 붙였던 인물의 글에는 그가 독자들에게 요구했던 세심한 주의를 기울여 가며 읽어 볼 만한 가치가 있다. 우리는 그의 글에서 윤리라는 미명하에 생물학을 볼모로 삼고, 때로는 의사를 선구자로 삼는 억압적 도덕주의의 증대하는 지배력에 저항할 논증을 발견할 수 있을지도 모른다. 이것이 이 책을 통해 내가 이끌어 내고자 하는 최소한의 교훈이다.

　나는 캉길렘이 자신의 저작을 대상으로 삼았다면 취했을 법한 방식으로 그의 글을 다루고자 했다. 나는 캉길렘이 참조했던 다수의 저작과 논문을 읽어 보았고, 캉길렘의 글 중에서는 출판된 것만을 참조했다. 이 짧은 책의 초판이 출간된 이후 브랭 출판사에서 캉길렘의 『전집』Œuvres complètes 1권과 4권이 출판되기 시작되었다. 나는 이 두 전집을 참조하여 참고문헌 목록을 갱신했다. 평범한 대학 교수와는 거리가 먼 생애를 살았으며, 레몽 아롱(Raymond Aron, 1905~1983)의 말을 빌리자면 "레지스탕스의 진정한 영웅"이었던, 그리고 소싯적부터 "치열하게 사유하기"를 신조로 삼았던 이 인물에 대한 간단한 전기로 이 책을 시작하는 것이 내게는 필수적으로 느껴졌다.[11]

　나는 이 연구의 말미에 실례를 무릅쓰고 "조르주 캉길렘에 대한 단편적 기억"을 추가했다. 이 기억의 의미가 그에 앞서 쓰인 내용들을 통해 밝혀져 있기를 바란다.

2판을 출판하며 나는 베르트랑 생-세르낭, 카미유 리모주 그리고 베르나르 발랑의 충고와 조언을 받았다.

차례

조르주 캉길렘

1장   완고한 철학자의 반항적 청년기

"어떠한 아름다움도 생으로부터 분리될 수 없다. 그리고 생이란 죽는 것이다."
──폴 발레리, 『건축가 에우팔리노스』 *Eupalinos ou l'Architecte*(1923).

조르주 캉길렘은 1904년 6월 4일 카스텔노다리(Castelnaudary)에서 태어났다. 카스텔노다리는 카술레 요리가 유명했는데, 캉길렘은 늘 유쾌한 열의를 보이며 이 요리를 자랑했다. 그는 고향으로부터 루아르강 이북에서는 정확히 발음하기 어려운 본인의 성뿐 아니라 노래를 부르는 듯한 거친 억양, 몇몇 음절의 남서부식 발음 등을 물려받았다.

그의 아버지는 맞춤옷 재단사였고 그의 어머니는 농사꾼 가문 출신이었다. 캉길렘은 1914년에서 1918년까지의 전쟁 기간 동안 동원령 때문에 부족한 일손을 메꾸기 위해 오드 지방에 위치한 베치아의 농장에서 일한 시절을 만족스럽게 기억하고 있었다. 1926년 『제네바 평론』 *Revue de Genève*이 실시한 "유럽 대학 청년들의 생각"에 관한 설문 응답지의 인적사항 기재란에 캉길렘은 다음과 같이 적었다. "조르주 캉길렘, 랑그독 출신, 교수 자격시험을 준비하는 고등사범학교의 학생. 남는 시간이면 시골에서 노동을 한다." 수십 년 후 캉길렘은 인간의 가축 노동력 활용 방식을 세밀한 도면과 세부 사항을 그려 가며 설명하여 교수 자격시험 지원자들을 놀라게 한다.

캉길렘의 중고등학교, 대학교에서의 학업 경로는 제3공화국 시기 유능한 지방 청년의 전형을 보여 준다. 카스텔노다리의 중학교 교사는 캉길렘이 뛰어난 학생이었다고 적고 있다. 그는 "파리로 상경"하여 윌므 가에 위치한 고등사범학교 입학시험 준비 기간 동안 쓸 조촐한 장학금을 받았다. 1921년 그는 고등사범학교 입학시험 준비반 중, 루이-르-그랑 고등학교 준비반과 더불어 가장 경쟁력 있는 교육기관이었던 앙리 4세 고등학교의 준비반에 들어간다.[1] 이 명망 높은 준비반은 1909년 이래로 문단과 정치계만큼이나 교육계와 대학 강단에서도 명성을 얻어 가고 있던 비범한 철학 교사의 통치하에 놓여 있었다. 이 교사가 바로 1900년부터 쓴 필명 알랭(Alain)으로 더욱 널리 알려진 에밀 샤르티에(Émile Chartier)이다.[2]

캉길렘은 이 당시 알랭의 가르침에 깊은 감명을 받았다. 1934년에서 1935년 즈음부터 이 스승과 제자를 맞서게 하고 2차 세계대전이 끝날 때까지 이들 사이에 깊은 불화를 남긴 정치적 의견 대립이 아무리 첨예했다 할지라도 캉길렘은 1951년 알랭의 임종을 곁에서 지킬 정도로 이 인물과 가깝게 지냈다.[3] 캉길렘은 이 철학자에게 충실함을 지켰다. 1952년 "위장된 악의"를 품고 알랭을 도덕주의자로 폄하하려는 이들에게 캉길렘은 "알랭은 진정한 철학자"였으며 그의 저서 중 적어도 네 권은 "위대한 철학적 업적"[4]으로 남을 것이라고 응수한다.

캉길렘은 앙리 4세 고등학교에 재학할 당시부터 알랭의 열성적인 학생이었고 알랭은 이런 그를 총애했다. 1924년 고등사범학교에 입학했을 때 동료들에게는 캉길렘이 알랭의 사유를 위탁받은 사람인 것처럼 보였다. 캉길렘은 젊은 "알랭주의자"[5]로 이루어진 소란스러운 집단의 핵심 인물이었다. 자신의 고등사범학교 입시 준비반 동료들과 마찬가지로 캉길렘 또한 세계대전이라는 인간적 재앙에 깊은 영향을 받았다. 캉길렘이 고등사범학교에 입학했을 때 교육 기관들은 이제야 막 끔찍한 전쟁의 상처로부터 회복되던 차였다.[6] 알랭은 1904년부터 반전주의를 옹호하고, "모든 사람들 사이의 증오"를 거부하며, "살인 기계"에 대한 혐오와 드레퓌스 사건* 이후 군제도에 대한 경계심을 서슴없이 드러낸 인

---

* 19세기 말, 유대인 장교 알프레드 드레퓌스(Alfred Dreyfus, 1859~1935)의 간첩 혐의를 둘러싸고 벌어진 거대한 정치적 사건. 독일에 군사 기밀을 팔아넘겼다는 죄로 한 유대인 장교가 고발당하고 종신형을 선고받은 사건이 조작되었고, 재판 역시 불충분한 증거에 기반하였다는 사실이 알려진 이후인 1898년, 에밀 졸라가 『나는 고발한다』J'accuse라는 공개서한을 발표하면서 이 사건은 국민적 주목을 받기 시작했다. 국민들에게 개인의 유무죄를 따지는 문제 이상으로 받아들여지면서 찬반 논쟁이 거세게 불타올랐다.

물로 알려져 있었다. 또한 알랭은 적지 않은 나이에도 불구하고 1914년 8월 1차 세계 대전에 포병으로 참전했던 것으로도 유명했다. 알랭이 본인의 경험에서 이끌어 낸 철학적으로 논증된 평화주의적 가르침은 그의 제자들에게 심대한 영향을 미쳤다. 1920년대에 『마르스, 심판의 전쟁』*Mars ou la Guerre jugée*을 읽었던 사람들은 알랭의 학설에 반전주의적 저항의 구체적이고 역동적인 외양을 더했다.

캉길렘은 이 사람들의 최전선에 서 있던 이들 중 한 명이었다. 캉길렘은 로맹 롤랑(Romain Rolland, 1866~1944), 장 조레스(Jean Jaurès, 1859~1914) 그리고 샤를 페기(Charles Péguy, 1873~1914)와 함께 "위니옹 사크레"*라는 문제적 환상에 대적할 용기를 지녔던 인물로 평가되었다.

1924년 레몽 아롱, 다니엘 라가슈(Daniel Lagache, 1903~1972), 폴 니장(Paul Nizan, 1905~1940) 그리고 장–폴 사르트르(Jean-Paul Sartre, 1905~1980)와 함께 고등사범학교의 16차 입

---

* 위니옹 사크레는 1차 대전에 직면하여 다양한 정치적, 종교적 이념을 지닌 프랑스 국민들을 결집하려던 정치적 운동을 의미한다. 당시 대통령 레몽 푸앙카레(Raymond Poincaré, 1860~1934)가 1914년 7월 4일 의회에 보낸 서신에서 이 용어를 처음으로 사용했다. 노동총연맹(Confédération Générale du Travail, CGT), 노동자 인터내셔널 프랑스 지부(Section Française de l'internationale ouvrière, SFIO)를 위시한 좌파 연합은 당일 의회에서 전쟁 기간 동안 반정부 시위나 파업을 하지 않기로 합의했다. 그러나 모든 좌파 인사들이 여기에 동의한 것은 아니었다.

학시험에 합격한 후, 1927년 3월부터 1931년 미셸 알렉상드르 (Michel Alexandre, 1888~1952)[7]의 뒤를 이어 편집 간사의 일을 맡을 때까지 캉길렘은 알랭이 창간한 『자유 단상』Libres Propos에 글을 기고했다.[8] 당시 알렉상드르는 부인 잔느(Jeanne, 1890~1980)[9]와 함께 점점 늘어나는 앙리 4세 고등학교의 고등사범학교 입학시험 준비반 신입생들을 가르치느라 한창 바빴던 때였다. 이 시기에 쓴 글에 캉길렘은 본인 이름의 이니셜 G. C.나 C. G. Bernard라는 가명으로 서명을 남겼다. 이 글들의 성격은 대체로 정치적이었지만 철학적이거나 문학적 혹은 교육적이기도 했다. 어쨌거나 모든 글들의 논조는 강렬했고 때로는 공격적이기까지 했다.

캉길렘의 동기들에게 이는 그리 놀랄 만한 일은 아니었다. 왜냐하면 『자유 단상』에서 일을 시작하기에 앞서 전형적인 고등사범학교의 행사였던 정기 공연에서의 사건을 계기로 캉길렘의 반골로서의 명성은 이미 높아져 있었기 때문이다. 연초가 되면 고등사범학교의 신입생들은 선배와 교수들, 교무처와 고위층 인사들을 위해 고등사범학교의 정신이라는 주제로 일종의 공연을, 즉 고등사범학교 학생들이 세상의 어떤 비밀을 알고 있으리라는 신화적 형식의 속임수에 찬사를 보내는 공연을 준비해야만 했다.

장-프랑수아 시리넬리는 1925년부터 시작된 캉길렘이 주동하고 사르트르가 주연을 맡았던 일련의 비화들을 아주 생생하고 정확하게 기술한 바 있다. 이 비화들은 1927년 정기 공연 소동으로 귀결된다.[10] 이 기간 동안 고등사범학교는 저명한 문학사가 귀스타브 랑송(Gustave Lanson, 1857~1934)이 이끌고 있었다.

캉길렘은 1925년 좌파 연합(Cartel des gauches)의 의원들 앞에서 했던 공연과 마찬가지로 1926년 공연에도 담겨 있던 정치적 독설이 학생스러운 문체 때문에 풍자의 대상이 되었다는 사실을 깨달았다. 다음 해에는 상황이 달라졌다. 우리는 1927년 10월 20일 『자유 단상』에 볼테르라는 가명으로 실린 글에서 당해 교수자격시험 응시자였음에도 불구하고 알랭의 제자들과 캉길렘이 오래 전부터 가담해 온 공격적 반전주의를 확장하고 강조하기 위해 지면을 이용하는 모습을 발견할 수 있다.

서막에서 힘차게 라 마르세예즈를* 부르며 시작되는 『캉뷔사 선장의 애가』*Complainte du capitaine Cambusat*는 당시 고등사범학교에 막 부임한 군 교관들을 노골적으로 겨냥하고 있었다. 이 연극이 끝나자 대강당은 커다란 박수갈채와 "애국적" 학생들의 분노로 가득 찼다. 캉길렘은 열렬한 평화주의자인 실방 브루소디에(Sylvain Broussaudier)[11] 그리고 장 르 바이(Jean Le Bail, 1904~1965)와 함께 이 연극 대본의 주요 저자였다. 극우파 신문 라 빅투아르(La Victoire)는 이 사건에 대한 기사를 내고 고등사범

---

* 프랑스의 국가(國歌)

학교 교장의 사임을 촉구했다.[12]

1915년 전장에서 아들을 잃고 상심이 컸던 랑송은 이 사건에 대한 조사를 지시하고 모든 정식 절차를 무시한 채 이 사건의 주동자로 추정되는 세 학생들에게 공식적으로 "가혹한 징계"를 내렸다. 랑송은 감정에 휩쓸려 두 가지 실수를 저질렀다. 그는 실질적인 증거 없이 주동자 세 명을 "감싸 주려" 했다는 이유만으로 주동자들의 동료 여섯 명에게도 징계 조치를 내렸다. 또한 그는 국무부 장관 폴 팡르베(Paul Painlevé, 1863~1933)에게 관련 서류를 전달했으며, 이를 통해 정기 공연에서의 작은 소동에 사소하나마 국가적 사건이라는 의미가 부여되었다.

이 정기 공연이 과거 노동자 인터내셔널 프랑스 지부(Section française de l'internationale ouvrière, SFIO)의 당원이었던 조셉 폴-봉쿠르(Joseph Paul-Boncour, 1873~1972)의 법안이 1927년 3월 7일 하원의 몰표를 받아 통과된 지 얼마 지나지 않았을 때 이뤄졌다는 사실을 감안한다면 랑송의 반응을 더 잘 이해할 수 있을 것이다. 이 법안은 "전시 국가의 체제 일반"에 관한 것으로 "지성적 차원에서 국가적 방어에 득이 되는 방향으로 국가의 인적 자원을 사용할 수 있게 하는" 조항을(제4조) 포함하고 있었다. 이 법안은 "알랭주의자" 측의 즉각적인 항의의 물결을 불러일으켰다.

『유럽』*Europe*의 4월 15일 호에 글을 실었던 알랭을 따라 미셸 알렉상드르는 3월 20일부터 『자유 단상』에서 봉기를 일으켰다.

4월 20일에 캉길렘은 C. G. Bernard라는 가명으로 『자유 단상』에 다음과 같이 쓴다. "우리가 지식인들을 동원하는 것에 반대하는 이유는 이것이 점점 사라져 가는 군부의 위신을 다시 세우고 귀족 정적, 권위주의적 질서를 강화하기 위해 정부 관료뿐만 아니라 모든 국민까지도 병적에 등록시키려는 노력을 보여 주는 명백한 징후이기 때문이다." 캉길렘은 이러한 상황을 고등 군사교육이 강제되어 있으며 졸업 후 장교가 될 수 있는 권리를 갖는 고등사범학교 졸업생들의 특수한 상황과 연관 지었다.

"그런데 우리는 언제나처럼 이 같은 귀족정치를 분명하게 거부한다. 우리는 전쟁, 즉 인간의 죽음이 문제시되는 경우 노동자와 기술자의 죽음과 교사의 죽음이 갑자기 비교할 수 없게 된다고 생각하지 않는다…. 우리는 우리에게 엘리트라는 꼬리표를 붙이는 것을 좌시하지 않을 것이다."

1927년 말 군사교육 시험 중, 캉길렘은 일부러 시험 감독관의 발가락에 기관총 거치대를 떨어뜨렸다. 그는 장교로서 1년 동안 교육을 받는 대신 1927년 11월부터 1929년 4월까지 18개월 동안 이등병에서 병장까지 진급해 가며 군 복무를 수행했다. 이 어린 철학자의 행동은 후배들 사이에서 유명한 일화로 남았다.

얼마 후 캉길렘은 폴 봉쿠르 법을 "양심의 자유에 대한 가장 중대한 침해"라고 규탄했던 사회주의 성향의 신문 르 포퓔레르(Le Populaire)에 1928년에 실린 신랄한 성명서의 서명자 세 명 중

한 명으로 등장했다.

이렇듯 많은 우여곡절이 있었음에도 불구하고 캉길렘은 대학의 학업 과정을 잘 이수해 나갔다. 1926년 캉길렘은 철학자이자 사회학자인 셀레스탕 부글레(Célestin Bouglé, 1870~1940)의 지도 아래 소르본에서 고등교육 수료증을 취득했다. 그의 석사 논문 주제는 "오귀스트 콩트(Auguste Comte, 1798~1857)의 질서와 진보에 관한 이론"이었는데, 콩트는 알랭이 높이 평가했으며 캉길렘 본인 또한 그 가르침에 대해 끊임없이 고찰했던 철학자였다.

1927년, 징계를 받고 있던 그 해에 캉길렘은 폴 비뇨(Paul Vignaux, 1904~1987)[13] 다음, 그리고 장 라크루아(Jean Lacroix, 1900~1986)[14]와 장 카바이예스(Jean Cavaillès, 1903~1944)에 앞서 차석으로 교수 자격시험을 통과한다.

카바이예스는 캉길렘보다 연장자인 입학 동기로 후일 캉길렘의 가장 가까운 친구이자 전우가 된다. 캉길렘은 1874년 발표된 에밀 부트루(Émile Boutroux, 1845~1921)[15]의 라틴어 박사 논문 『데카르트 철학에서의 영원한 진리』*Des vérités éternelles chez Descartes*[16]를 번역했고 이 번역서는 당해에 레옹 브륀슈빅(Léon Brunschvicg, 1869~1944)[17]의 서문과 함께 알캉 출판사에서 출판된다.

『자유 단상』에 자신의 서평과 논평을 싣고 알랭을 따라 『유럽』에 글을 싣기 위해 캉길렘은 잠자코 제대 날짜를 기다리지 않았다. 이 당시에도 캉길렘의 정치적 발언들에 담긴 강경한 평화주의적 논조는 변하지 않았다. 1929년 3월 20일부터 캉길렘은 가명으로 "평화적인 문화의 실현"을 위한 "평화적 정치의 청사진"을 제시하고 해설하기 시작한다. 이 청사진에는 "사회적 관습에 평화가 자리 잡게" 만들기 위해 전국의 교사, 노동자, 농부, 의사, 교수들을 반성하는 이와 행동하는 이의 작은 그룹으로 나누어 연합시키려는 국가적 차원의 복합적 조치들에 관한 계획안이 실려 있었다. 이 운동을 조직하기 위한 제도적 초안이 그려지는 11편의 논문이 포함된 "해설"은 평화라는 관념 자체에 대한 철학적 고찰로서 제시된다. "우리가 모색하는 평화는 전쟁에 대한 두려움에 의한 평화가 아니라 평화에 대한 사랑을 위한 평화이다. 즉 종래에 우리가 이르고자 하는 평화는 공업, 상업, 농업이 있었던 이후로 줄곧 존재해 온 평화 그 자체이지 피와 대포, 군대에 대한 공포일 뿐인 평화가 아니다. 평화를 만드는 것은 차이에 대한 인정과 수용이며 이 차이들의 조화에 의한 차이의 부정이다."

이 정치적 발언들에 앞서 1929년 2월 20일 "인권당(La ligue des droits de l'homme)에 보내는 청원"이 쓰여졌다. 인권당은 세계평화를 위한 대책을 제시했는데 이에 대해 캉길렘은 "동의한다"고 쓴다. 하지만 그는 이 대책을 정당화하기 위해 당이 제시한 근거에는 조금도 동의하지 않았다. 인권당의 대표자들은 그들이 제시하는 대책이 "가능하며" "현실적"이라는 이유로 승인되어야 한다는 점을 강조했다. 캉길렘은 이것이 사실이라면 이 대책에는 내

세울 만한 목표로서의 가치가 없다고 반박했다. 캉길렘은 도리어 스탕달(Stendhal, 1783~1842)이 『적과 흑』*Le Rouge et le Noir* 61장에 쓴 문장을 인용하여 인권당에 "불가능한 것들의 정당"이 될 것을 요구한다. "시작될 당시에 불가능하지 않은 위대한 행동이 대체 무엇인가? 위대한 행동은 실현된 후에야 범인들에게 가능했던 것으로 보이게 되는 행동이다." 1931년 캉길렘은 사르트르, 로맹 롤랑, 앙리 발롱(Henri Wallon, 1879~1962) 등과 함께 "대학의 파시스트화에 반대하는" 새로운 성명서에 서명한다.

1930년 새로운 학기부터 캉길렘은 샤를르빌 고등학교에 부임한다.

새로 부임한 철학 교사가 4월 12일 종업식에서 발표한 글에는 캉길렘이 결코 소홀히 한 바 없는 절묘한 수사법을 통해 권력과 사회 통념, 관례에 대한 도전적 논조가 드러난다. 이 글은 다음과 같이 시작된다.[18]

"친애하는 여러분,

소크라테스의 15분이 왔습니다. 모든 교사들에게 불가피한 이 순간을 저는 이렇게 부르고자 합니다. 원로, 권력자, 현자들이 앉아 있는 무겁고 진중한 분위기의 아레오파고스 회의장에서 때로는 사전에 선고되어 있기도 하지만 대다수의 경우에는 각양각색인, 그 결과에 따라 여론이 청년들이 수업을 들었던 스승에 대한 신뢰를 수정하거나 더하게 되는 판결에 마주쳐야만 하는 이 순간을 말이죠. 모두 아시다시피 소크라테스는 아테네 학부모들의 모임 앞에서 본인의 죄에 대해 변론을 해야 했습니다. 그는 놀랍도록 순진하고 당당하게 자신의 죄를 인정하지 않았고, 동서고금을 막론하고 사회가 틀림없고 필수적인 수호자라고 자처하는 올바르고 곧은 길로부터 그의 제자들이 스스로 형성한 젊은 정신을 돌아서게 했다는 이유로 결국엔 사형을 선고받았죠."

청년 캉길렘은 모리스 바레스(Maurice Barrès, 1862~1923)에 반하여 라뇨를 옹호한다.[19] 소크라테스에게 찬사를 보내며 그는 다음과 같이 주장한다. "모든 권력은 모든 지도자를 타락시킵니다. 작금과 미래의 정치인들은 아마도 그 이유를 잘 이해할 수 없을 거예요. 소크라테스의 말이 다시 회자되지 않게 하는 것은 불가능할 것입니다."

1930년에서 1931년까지 알비 고등학교에서 1년을 보낸 캉길렘은 학생들이 거둔 성공에도 불구하고 개인적인 사정에 의한 휴직을 신청한다. 좌파 연합의 실패 이후 "중도파의 시대"[20]를 보내던 권위자들이 자신의 입장과 방법을 인정하지 않자 본인의 교육계로의 진출에 실망감을 느꼈기 때문일까? 사정이 어땠든 간에, 1931년에서 1932년 동안 캉길렘은 파리에 머물렀으며, 앞서 말했듯 여기에서 미셸 알렉상드르의 뒤를 이어 『자유 단상』의 편집자가 되었다.

1932년 새학기부터, 캉길렘은 여러 고등학교(두애, 발랑시엔, 베지에)에 재직한다. 캉길렘은 본인이 그토록 바라던 툴루즈 고등학교의 교사 자리(후일 캉길렘은 툴루즈 고등학교의 교사 자리가 "내 생에 내가 진정으로 원했던 유일한 자리"였다고 말한다)를 1936년 10월이 돼서야 얻을 수 있었고, 이듬해 그 곳에서 입시 준비반 교사가 된다. 캉길렘은 1940년 새 학기까지 툴루즈 고등학교에서 재직한다.

이렇게 교수 자격시험에 통과한 교사로서 첫발을 내딛음과 동시에 그는 『자유 단상』과 『유럽』에 다수의 글을 투고하기 시작했다. 1930년, 캉길렘은 1914년에서 1918년까지 이어진 전쟁의 책임에 관한 논쟁, 즉 1919년 이래로 제3공화국의 정치적 삶의 영역을 망가뜨리고 있던 독일에 요구된 "배상금" 관련 논쟁에 활발히 참여했다. 캉길렘은 줄리앙 방다(Julien Benda, 1867~1956)가 『성직자들의 배반』*La Trahison des clercs*[21]에 뒤이어 출판한 『영원의 종말』*La Fin de l'Éternel*[22]을 극찬했다. 캉길렘은 이 책이 "신랄하고, 엄격하며, 완고하다"고 평했고, 이 책의 내용에 "찬성하며" "경의를 표한다"고 말했다. 방다는 캉길렘의 서평을 로맹 롤랑과 『유럽』의 독자들이 전쟁에 반대하는 전적으로 "감성적인" 입장에 대한 본인의 비판을 정당화할 근거로 삼았다. 1930년 4월 12일 발표된 입장표명문에 캉길렘은 알렉상드로와 공동 서명을 한다.

이 입장표명문에서 캉길렘은 한 번 더 『성직자들의 배반』의 저자에게 찬사를 보낸다. 그는 다시 한 번 "성직자의 본분은 세상을 있는 그 자체로 받아들이지 않는 것"이라는 방다의 정의를 지지한다. 캉길렘은 그의 글에서 완고한 가르침을 이끌어 낸다. 그 결과에 연연함이 없이 진리를 말하기보다는, 전략적 이득을 좇아 일시적인 것과 타협하고, 본인 스스로 판단하고 정죄할 자유로부터 소외될 때 성직자는 배반을 하게 된다. 그러나 캉길렘은 『자유단상』의 지면을 통해서는 미셸 알렉상드르와 함께 로맹 롤랑을 변호한다.

성직자의 임무는 "책무를 배정하는 것"이 아니다. "그의 제일 임무는 책무를 세우는 것이 아니라, 사람들을 책무에 관한 판단으로 몰아넣는 자신 내부와 주변의 감성적 흐름에 저항하는 데 있다."

그런데, "위대한 이단자"인 롤랑이 작금에 "시적인 철학" "낭만적이며 신비로운 철학"을 만들어 냈다면, 이는 1914년 당시에는 그가 "금세 해방되었다가 재점령당한 이성의, 항거하는 정신의" 전언을 설파했었기 때문이다. 캉길렘과 알렉상드르는 방다가 롤랑에게 『성직자들의 배반』을 헌정했어야 했을 것이라는 역설적인 결론을 내린다.

이 설전은 당시 캉길렘이 철학적 참여에 대해 어떤 생각을 갖고 있었는지를 생생하게 보여 준다. 당시에 프랑스에서 전쟁과 평화에 관하여 논의되고 있던 문제의 핵심은 사람들이 '독일 문제'라고 부르던 것이었다. 악마적이라고 일컬어지던 이 민중들에게도 "영혼"이 있을까? 이 영혼에 "프랑스 정신"을 대립시켜야 할까? 전쟁이 종식된 지 12년이 지났음에도 사람들은 이 질문의 원환으로부터 거의 빠져나오지 못하고 있었다.

캉길렘은 스승의 평화주의를 대표해 프랑스 민족주의를 비판하는 것에만 만족하지 않았다. 독일 문화에 정통하여 이를 찬미하던 그의 동료 카바예스처럼 캉길렘은 『자유 단상』의 독자들에게 독일과 독일인들을 악마적으로 그려 내기를 멈추고 이들을 더 자세히 알아볼 것을 제안한다.

캉길렘은 1931년 피에르 비에노(Pierre Viénot, 1897~1944)의 책 『독일의 불확실성』*Incertitudes allemandes*[23]에 대한 서평을 쓴다. 캉길렘은 이 책이 "타자를 이해하기 위해 다른 관점을 구가함으로써 스스로에 대해 거리를 취하는" 지성인의 태도를 보여 준다는 찬사를 보냈다. 캉길렘은 폴 발레리의 『정신의 위기』*La Crise de l'esprit*(1919)를 인용하며 "독일의 불확실성"은 "문명화에 관한 순수하게 상대주의적인 관점"에서 이해되어야 한다고 주장했다. 이 관점은, 헤겔을 읽지 않았고, 불확실성이 절망이라는 형태로 표출될 수 있다는 사실을 모르는 프랑스인들은 이해할 수 없는 관점이었다. 바로 이 절망이 히틀러와 국가사회주의의 대중적 성공을 설명해 준다.

캉길렘은 발레리와 비에노를 인용하여 소위 "독일의 위기"를 이해하기 위해서는 독일적 관점에서 독일에 접근해야 한다고 주장했다. 그는 프랑스의 성직자와 정치가에게 "프랑스가 하나의 문명으로서 구현되었을 뿐임에도 문명화 그 자체를 구현해 냈다고 믿는 순진한 고집"에 개탄하는 학식 있고 바른 식견을 지닌 독일인들의 불평에 귀 기울여 볼 것을 요구했다.

겨울을 지나 1932년 봄까지 『자유 단상』은 "유보 없는 평화"를 위해 활동하던 저명한 반식민주의 사회주의자이자 평화주의자 펠리시앙 샬라예(Félicien Challaye, 1875~1967)와 "법에 의한 평화"를 옹호하는 테오도르 뤼센(Théodore Ruyssen, 1868~1967) 사이의 논쟁으로 소란스러웠다. 캉길렘은 샬라예를 옹호했다. 문제적인 것은 전쟁의 논리 자체였다. 전쟁의 근거라는 "애국심"이 인간 존재의 "저항할 수 없는 필수적 반응들" 중 하나로 이해될 수 있는가? […] 따라서 이 자연적 본성을 법적 조치를 통해 견제하는 것이 중요한 일일까? 캉길렘은 유사 생물학에 가까운 이러한 자연주의적 가정을 비판한다. 캉길렘은 유의미하게 전쟁에 반대하기 위해서는 샬라예가 그랬듯 "인간, 혹은 인간 집단의 외부로부터 인권, 즉 자연의 장애물, 필연성의 장난, 폭력의 타락에 반하여 인간성이 존속하게 만들어야 하는 의무를 단념하게 하는 모든 시도"를 규탄해야 한다고 다시금 역설한다.

1932년 10월, 캉길렘은 『자유 단상』의 독자들에게 예나에 위

치한 고등학교 교사가 쓴 짧은 책에 대한 주의를 환기시켰다. 이
책은 알랭의 글 중 몇 편을 선정하여 번역한 책이었다.[24] 이 번역
자의 점잖음과 지성을 칭찬하고 "우리의 적이 우리보다 매일매일
조금씩 더 나아질 수 있다는 사실과, 이 적이 때로는 우리가 취해
야 할 관점을 더 잘 취할 수도 있다는 사실을 알아 가는 것은 좋은
일"이라고 말한 후 캉길렘은 알랭을 인용한다. "인류가 만들기만
하면 평화는 생겨날 것이고 인류가 만들기만 하면 정의도 생겨날
것이다. 평화와 정의를 만드는 것은 운명이나 찬반론자들이 아니
다. 이미 존재하는 것들은 여기에 아무런 영향도 미치지 않는다."

1934년 3월, 납세자 연맹이 "파렴치한 공화국"에 반대하여
시도한 "공격"*에 대한 대응으로 폴 리베(Paul Rivet, 1876~1958),
폴 랑주뱅(Paul Langevin, 1872~1946), 그리고 가입자 명단에 "작
가"로 소개된 알랭의 주도로 반파시즘 지성인들의 감시위원회
(Comité de vigilance des intellectuels antifascistes)가 설립되었다. 위
원회는 농촌 상황에 익숙한 캉길렘을 적임자로 여겨 그에게 소책
자 『파시즘과 농민』*Le Fascisme et les Paysans*의 집필을 맡겼다. 파시
즘의 영향하에 있는 이탈리아와 독일 농촌계에 대한 의견과 아주

---

* 이에 앞서 1934년 2월 6일, 스타비스키 사건을 계기로 경찰청장 장 시아프를 경질한 것
에 반대하여 우파 단체, 퇴역군인회, 그리고 극우당이 프랑스의 의회 앞에서 반의회주의
시위를 벌였다.

상세한 "질적" 설문을 통해 수행된, 프랑스의 농민들이 처한 상황에 대한 광범위한 조사 결과가 담긴 이 소책자는 1935년 저자를 명시하지 않고 위원회의 이름[25]으로 출판되었다.[26] 이 연구는 캉길렘이 쓴 글 중 "전형적인" 정치적 분석이 이뤄지는 유일한 글이다. 캉길렘은 먼저 좌파의 수장들에게 소비에트 연방에서 승리를 거둔 민중 마르크스주의자들 사이에 만연한 "농촌계"에 관한 개념적 단순화를 포기하길 권고했다. 노동당과 노동자 조합은 "오늘날 프랑스의 농민들에게 소련과 집단농장을 전파하는" 우를 범해서는 안 된다. 스탈린주의에서 비롯된 파시즘에 대한 정의로는 프랑스에서의 파시즘 확산을 저지할 수 없을 것이다.

"만약 파시즘을 도적단의 도움을 받아 노동자 조직의 권력을 파괴하려는 궁지에 몰린 자본주의의 노력으로만 정의한다면, 파시즘에 대항하여 프랑스의 농민들을 규합시킬 수 있을 것이라는 생각으로부터 얻어낼 것은 아무것도 없을 것이다. 왜냐하면 농민들 대다수는 그들에게 적대적이지 않은 노동자 조직에 대해 무관심하기 때문이다."

그렇다면 농민들의 규합을 위해서는 무엇을 해야 하는가? 현실적인 분석과 역사적 검토를 통해 캉길렘은 일단 북부 지방에서 주로 이루어지는 대규모 농작과 다종작을 주로 하는 영세농을 구분해야 한다고 대답했다. "모든 농민들의 결집은 목가적인 공상에 불과하다. 전원의 평화는 시인들의 상상 속에서나 존재해 왔을 뿐이다."

캉길렘은 사회주의자들과 공산주의들에게 그들의 프로파간다에서 "농민들에게는 지금까지 (이 점은 꼭 말해 둘 필요가 있다) 공갈에 불과했던 '집단주의'라는 단어"를 제거할 것을 요구했다.

캉길렘의 글은 어떤 강령으로 귀결되는 방향 일반을 제시한다. 이 강령의 주요 논제는 공산주의자들과는 반대로 농촌계의 중소 지주들에게 그들 스스로가 공장 노동자들과 연합할 의사를 가지고 있다는 사실을 일깨워 주어야 한다는 것이다. "농민 노동자에게 모든 노동의 의식적이고 인간적인 단일성을 유지할 수 있는 유일한 방편인 자기 의도의 실질적 소유물, 즉 결정권, 실행, 통제를 보장해 주어야" 한다. 이러한 방식은 분명 "사회주의"를 표방할 수 있지만, 사회주의를 내세우는 정당이 제시하는 정책들에는 부합하지 않는다.[27] 그렇지만 캉길렘이 보기엔 이것이 농촌계의 통합이라는 허구적인 명분하에 우파나 극우파 정당이 권장하는 소작농과 대지주의 연합이 용이하게 만들고 있는, 곧 닥쳐올지도 모르는 "농촌계"와 파시즘의 연합을 저지할 유일한 방법이었다. 소책자에서 캉길렘은 칼 마르크스를 인용하는데, 그가 이만큼이나 마르크스주의에 가까웠던 적은 없다. 하지만 캉길렘은 폴-루이 쿠리에(Paul-Louis Courier, 1772~1825)와 발자크(Balzac, 1799~1850)도 인용하는데, 이점에서 캉길렘의 분석은 당대의 지배적인 마르크스주의적 분석과는 완전히 대립되는 것으로 나타난다.

독일인들이 겪고 있는 위기를 이해하기 위해서는 독일인들을 알아야 할 필요가 있다는 주장은 『파시즘과 농민』을 관통하는 주요 주장 중 하나이다. 1936년, 캉길렘은 전년도에 알캉 출판사에서 출판된 그의 동료 아롱의 『현대 독일 사회학』*La sociologie allemande contemporaine*을 소개하며 이론적 차원에서 이 문제를 재론한다. 1934년의 정치적 발언의 요지와 일관되게 캉길렘은 독자들에게 당시 거의 알려지지 않았던 막스 베버(Max Weber, 1864~1920)의 저작들을 이해하기 위해 프랑스에서는 "거의 공인되어 있었던" 뒤르켐적 사회학의 틀을 떠나길 요구한다. 캉길렘은 아롱이 프랑스와 독일 사회학을 구분하는 철학적 전제를 명확히 도출해 냈다는 점을 높이 평가한다. 쟁점은 개인이 사회와 맺는 관계이다. 에밀 뒤르켐(Émile Durkheim, 1858~1917)의 저작은 "개체와 집단 사이의 불일치"를 가정하며 이로부터 도덕과 교육에 무정부 상태를 야기하는 모든 해체의 위협에 대한 대항이 요청된다. 반대로 베버와 대다수의 독일 사회학자들은 본질적으로 서구 문명의 특성을 문제시하고 이 문명 안에서 관료제와 추상적 질서에 대항하는 개인들을 보여 준다….

캉길렘은 결론부에서 이 책의 정치적 이점을 제시한다. "그어느 때보다도 독일 정치를 무시하지 않는 것이 중요한 이때에, 독일 사회학과 관련된 모든 것들은 (특히 아롱의 책이) 주목받을필요가 있다…."

캉길렘이 1927년 이후 고향에 방문했을 때 친분을 맺게 된, 카스텔노다리 출신의 철학 교수 자격 소지자이자 연장자인 카미유 플라네와의 정기적인 만남이 그의 성찰에 큰 영향을 미치기 시작했다.[28]

캉길렘은 화가, 설계사, 피아니스트이자 작곡가였던 플라네와 함께 학생들을 위한 교과서를 집필하기로 마음먹었다. 이 교과서는 총 3권으로 기획되었지만 1권만이 1939년 『논리와 도덕 개론』*Traité de logique et de morale*[29]이라는 제목으로 출판되었다. 이 교과서의 결론에서 저자들은 평화주의의 문제를 직접적으로 다룬다. "문제는 사람들이 형이상학적으로 혹은 물리학적으로 정초되었다고 여기는 역사적 우연이나 필연성에 종속적인 태도와 저항하려는 혹은 무언가를 기획해 보려는 태도 중 어느 것을 선택하느냐에 달려 있다." 알랭을 염두에 두고서, 캉길렘과 플라네는 "모든 것의 위에 평화를 두었던" 사람들의 열정에 서린 "관대함"과 "논증의 견고함"에 경의를 표한다. 그러나 이들은 이 주장의 "결함" 또한 확실하게 강조한다. "이 주장이 평화라고 부르는 것은 전쟁에 대한 순전히 말뿐인 부정에 지나지 않는다. 달리 말해, 평화주의는 현재까지 평화라는 이름을 부여받았던 모든 상황을 전쟁은 그중 하나의 형식일 뿐인 대립의 무의미함이나 말소와 동일시할 수 없다는 사실을 모르는 것처럼 보인다…." 1939년의 캉길렘은 공허한 말에 만족해하는 것을 허구들 중에서도 가장 해로운 것이라 설명한다. "현재적 여건들 속에서 국가 간 중재의 가능성을 내세우는 것은 외교, 국제사법재판소, 국가 연합 등등을 통해 달성된 중재가 실상 서로 맞서는 힘들 사이의 관계 위에 씌워진 불안정한 덮개에 불과하다는 사실을 망각하는 것이다."

1940년 새 학기부터 당시 몽토방 고등학교의 교사였던 플라네는 비시 체제의 가치에 선서하기를 거부했다. 파직된 그는 카스텔노다리로 돌아가 레지스탕스에 합류한다. 캉길렘은 학장에게 "개인적 사정"을 이유로 휴직을 신청하며 다음과 같이 쓴다. "저는 '노동, 가족, 조국'을* 가르치기 위해 철학 교수 자격시험을 통과한 것이 아닙니다." 이후로 캉길렘은 몇 년 전 착수한 의학 공부에 전념한다.

그러나 이 공부 기간은 그리 오래가지 못했다. 1941년 2월부터 클레르몽-페랑으로 이전한 스트라스부르 대학의 철학 개론과 논리학 강사였던 카바이에스는 본인이 미국에 체류 중이던 르네 푸아리에(René Poirier, 1900~1995)의 대리직을 맡아 소르본에 가 있는 동안 자신을 대신하여 강의를 하는 동시에, 클레르몽 지역의 레지스탕스로서 활동해 달라고 캉길렘에게 부탁했다. 자신의 툴루즈 고등학교 고등사범학교 입시 준비반 교사 자리를 장-피에

---

* 원어는 Travail, Famille, Patrie. 비시체제 프랑스 정부의 공식 표어이다.

르 베르낭(Jean-Pierre Vernant, 1914~2007)에게 맡기고 캉길렘은 후일 프랑스 공화국 임시 정부의 내무부 장관이 되는 에마뉘엘 다스티에 들라비주리(Emmanuel d'Astier de La Vigerie, 1900~1969)와 함께 남부 해방 전선의 전신이 될 해방운동 조직을 설립하는 데에 참여한다.

레지스탕스 운동을 연구하는 역사가들은 이 해방운동에서 캉길렘이 라퐁이라는 코드네임으로 루브르라는 코드네임을 쓴 앙리 앙그랑(Henry Ingrand, 1908~2003)과 함께 어떤 임무를 맡았는지를 밝혀 냈다. 샤를 드 골 장군이 1944년 공화국의 오베르뉴 지역 담당 요원으로 임명한 앙그랑에게서 그를 대신해 아직 탈환되지 않았던 비시에 잠입해 남아 있는 공무원이나 책임자들을 회유하는 임무를 맡기 전까지, 캉길렘은 1944년 6월 10일 캉탈(Cantal)의 무셰 산에서 벌어진 전투에 참여했고, 모린느(Mourine)에 야전병원을 세웠으며, 프랑수아 토스켈(François Tosquelles, 1912~1994)[30]과 루시앙 보나페(Lucien Bonnafé, 1912~2003)의 추진하에 제도적 정신요법이 창안되었던 생-알방 병원에서도 잠시 머물렀다.

이 지점에서부터 다른 이야기, 캉길렘이 교육과 레지스탕스 활동과 함께 병행한 의학 공부에 관한 이야기가 시작된다. 이 이야기는 캉길렘의 철학적 성찰에 변곡점을 만들어 냈다.

2장   의학철학

오늘날엔 일반적으로 캉길렘을 "의사이자 철학자"라거나 "철학
자이자 의사"로 소개한다. 하지만 이 중 더욱 사실에 부합하는 것
은 두 번째 표현이다. 왜냐하면 철학 교육과 병행하여 의학 공부
를 시작한 32세 무렵 캉길렘은 이미 몇 해 전부터 철학을 가르치
고 있었고, 이제 막 툴루즈 고등학교 철학 교사로 부임한 터였기
때문이다. 앞 장에서 살펴본 바와 같이 1940년 9월부터 1941년
2월까지, 즉 클레르몽-페랑으로 이전한 스트라스부르 대학에 부
임하기 전 "개인적 사정"으로 인한 휴직 기간 동안 캉길렘은 의학
공부에 많은 시간을 할애할 수 있었다. 자신의 교육자로서의 과업
(1942년 앙리 베르그손의 『창조적 진화』*L'évolution créatrice* 3장에 대
한 유명한 강의가 이 시기에 행해졌다)과 레지스탕스 활동을 병행
하느라 분주했음에도 불구하고 캉길렘은 1943년 그의 저작 중 가

장 유명한 『정상적인 것과 병리적인 것』Le normal et le pathologique[1] 의 최종 심사 날까지 의학 공부를 계속해 나갔다. 어째서 의학 공부인가? 몇몇 사람들이 생각하고 썼던 것처럼 의사가 되고 뒤이어 시골 의사나 하기 위해서였을까? 몇몇 젊은 동료들이 그에게 이런 질문을 하면 그는 힘주어서 다음과 같이 대답했다.[2] "절대 아니야! 절대!" 캉길렘은 이 질문을 던진 이들에게 오베르뉴 (Auvergue)의 레지스탕스 은신처에서 보낸 몇 주 동안 부상당한 동지에게[3] 절제 수술을 하던 의사 폴 레이스[4]를 보조한 이례적인 경우를 제외하고는 자신이 의사로 활동했던 적이 결코 없다는 사실을 상기시켰다. 그는 이 당시의 경험을 평생 공포스러운 기억으로 간직했다. 앞서 살펴보았듯 캉길렘은 이러한 상황 아래에서 생-알방 병원에 3주간 머물렀다. 그는 병원에 평범한 "환자"로 등록하여 세미나에 참석하고 지속적으로 병원을 방문할 수 있는 "구실"을 만들었다.

대담 중 캉길렘이 인정했던 것처럼 그가 의학 연구에 착수한 데에는 스스로가 회고해 보기에도 "사소한 것"에 불과했던 부정적인 이유가 있었던 것 같다. 캉길렘은 자신의 철학 교육이 철학에 대해 자신과는 전혀 다른 생각을 가지고 있었던 당시의 권위자들에게 정당한 평가를 받지 못한다는 사실을 확인했다. 1930년 이를 간파한 이래로 캉길렘은 계속해서 실망감을 느끼고 있었다.

그렇지만 분명 긍정적인 이유도 있었다. 그는 개인적인 이유에서 자신이 철학으로부터 얻은 "순전히 이론적인 차원의" 지식에 "어떤 체험적 지식을 더하기를" 바랐다. 이러한 의미에서 캉길렘은 1943년 책의 서문에 의학이 "구체적인 인간의 문제로의 도입부"가 되기를 바란다고 썼던 것이다.[5] 캉길렘이 어떤 점에서 자신의 입장이 독창적이라고 여겼는지는 다음의 두 진술에 분명하게 나타난다. 첫 번째 진술에 따르면, 그가 "의학 공부를 시작한 것은 의학에 관심을 가지는 철학 교수보다 정신 질환을 더욱 잘 이해하기 위한 것은 아니었다". 여기에서 캉길렘은 자신이 거의 다루지 않았던 테오뒬 리보(Théodule Ribot, 1839~1916)와 조르주 뒤마(Georges Dumas, 1866~1946)로부터 그 지적 명석함을 높게 평가했던 고등사범학교 동기 다니엘 라가슈(캉길렘은 라가슈가 1937년 클레르몽-페랑에서 주최한 세미나에 참가해 환자들에 대한 그의 강연을 들은 바 있다)에 이르는 전통으로부터 거리를 둔다.[6] "순전히 이론적인 차원의 철학"의 연장선상에 있는 "구체적인 인간의 문제"는 질병에 걸릴 수 있는, 즉 자신의 삶의 과정 속에 결국엔 피할 수 없는 죽음의 위협이 나타나는 독특한 생명 존재인 인간의 생물학적 실재성에 관한 문제이다.

　　두 번째 진술은 의학 연구가 "어떤 과학적인 영역에서 실제로 활동하기 위해" 시작된 것이 아니라는 사실을 명확하게 보여준다. 달리 말해, 캉길렘이 과학철학 분야에서 경쟁력을 확보하려면 과학의 한 분야를 전공해야 한다고 학생들에게 권할 때 스스로를 사례로 들 수 있을 것이라 생각했다는 일화에 비춰 보자면 역설적이지만, 캉길렘의 사유 과정에서 중요했던 것은 인식론적 문제가 아니었다.

캉길렘은 "직접적인 의학 수련"을 통해 "전적으로 그리고 단순하게 하나의 지식으로 환원되지 않는" 기술에 대한 해명을 얻고자 했다. 캉길렘에게는 "인식론자"가 되고자 하는 야망은 조금도 없었다. 그는 지배적인 인식론적(실증주의적) 정전(正典)에 도전하는 인간적 활동의 방법론에 대해 철학자로서 의문을 가졌다. 그가 이러한 의문을 가졌던 이유는 실천적 차원에서 이러한 방법론이 이론적 단순화를 통해 어떤 하나의 (혹은 여럿의) 과학으로 완전히 "환원되지" 않기 때문에, 달리 말해 하나의 과학에 종속되지 않기 때문이었다.

그는 의학을 "엄밀한 의미에서 과학이라기보다는 여러 과학들의 교차점에 있는 기예 혹은 기술"로 여겼다.

이 표현의 의미를 이해하기 위해서는 그 미묘한 어감에 주의를 기울여야 한다. 캉길렘은 결코 의학의 과학적 특성을 부정하지 않았다. 그는 과학(약물학, 그리고 특히 통계학)이 근대 의학에 가져다준 실질적 성과를 무시하지 않는다. 그렇다고 해서 그가 의학적 실천에 대한 "직관적" 이해와 통제를 바라는 환자와 가족 주치의 사이의 "은밀한 대담"에 대한 향수에 젖은 의견 따위를 옹호한 것도 아니다. 그는 자신이 배운 기술을 사용하는 의사의 주관적인 혹은 개별적인 행위라는 점에서 의학적 기술이 항상 "기예"art로 남는다고 주장했다. 모두가 알고 있다시피, 이 때문에 임상의들 가운데서도 유능한 이와 무능한 이가 구분될 수 있는 것이다. 결과적으로 캉길렘은 의사가 지닌 기술이 기존에 주어진 지식의 단순한 "적용"으로만 여겨질 수 없다고 주장한다. 왜냐하면 이 기술이 의학의 소관인 고통의 증가가 없었더라면 그 개별적 특성이 대상으로 규정되는 것을 좌시하지 않았을 비탄에 빠진 존재자를 대상으로 삼기 때문이다.

요컨대 캉길렘은 의사로서, 의학을 위해, 의학에 관심을 기울이지 않았다. 의학사가로서도 아니다. 캉길렘은 철학자로서 의학에 접근했다. 자신의 기획을 정당화하고자 한 유명한 구절에서 캉길렘은 "철학은 하나의 반성인데 그 반성의 소재는 철학에게는 낯선 것이 좋으며, 더 나아가 좋은 반성의 소재는 반드시 철학에게 낯설어야 한다"[8]고 썼다. 실로 캉길렘은 모든 반성의 소재들 중에서도 의학이 자신의 철학적 연구의 연장선상에서 선택할 수 있는 최적의 소재라고 판단했다. 그렇다면 그를 의학을 다룬 철학자로 간주해야 하는 것일까? 어떤 의미에서는 맞는 말이다. 그리고 『의학론』*Écrits sur la médecine*[9]이라는 제목으로 최근 출판된 논문 모음집은 캉길렘이 1930년 말 선택하여 1989년까지 다뤘던 의학의 진보에 대한 그의 지속적인 관심을 보여 준다. 캉길렘이 출판할 목적으로 스스로 엮은 논문집에서 그가 끊임없이 고찰했던 생명체에 대한 과학이 큰 비중을 차지하고 있다는 사실 또한 덧붙여야 할 것이다. 생명체에 대한 과학은 궁극적으로는 이 과학과 의학이 맺는 복잡한 관계의 차원에서 고찰된다.

캉길렘의 의학에 대한 관심의 첫 번째 흔적은 1929년 『자유 단상』에 실린, 당시 막 의사가 되었던 르네 알랑디(René Allendy)[10]의 저서 『의학적 관념의 기원』*Orientation des idées médicales*[11]의 서평에서부터 나타난다. 서평에서 캉길렘은 이 책이 "체액설의 아버지인 히포크라테스를 찬양하기 위해" 쓰였다고 소개한다. 캉길렘은 저자가 기술했듯 "분석적" 의학과 "환자에 대한 의학"의 주된 특성들이 대립하고 있다는 사실에 동의한다. 알랑디가 요약하기로는 분석적 의학에 천착하는 의사들에 따르면 "질병은 외부에서 유래하는 우연적인 영향력에 의한 것이다. 따라서 분석을 통해 이를 분간해 내고 의도적으로 이를 억제하거나 제거해야 한다. 다른 의사들은 질병을 생명의 조건들의 집합과 연관된 내인적 활동의 표현이라고 본다. 즉 질병은 곤란한 환경에 적응하려는 노력이며 따라서 의사는 이러한 노력을 돕거나 유지시켜야 한다".

역사적으로 전자와 같은 이념은 갈렌(Galien)에 의해, 이어서 아랍인들에 의해 정당화되었으며 근대에는 실비우스(Jacobus Silvius), 부어하브(Herman Boerhaave), 비샤(Xavier Bichat), 부르세(François Bourssais)와 같은 의사들에 의해 재개되었고 파스퇴르의 시대에 이르러 전성기를 맞이했다. 후자는 히포크라테스의 작품들에서나 관련된 언급을 찾아볼 수 있는 고대의 의학이었다…. 언젠가는 전자의 지나침에 대한 반동으로 후자가 활력을 띠게 되는 날이 올지도 모를 일이다.

사람들은 캉길렘이 쓴 서평의 강렬한 어조에 충격을 받았다. 캉길렘이 알랑디의 책에 주의를 기울인 이유는 그가 서술한 의학사 때문이 아니라 이 책에 서술된 당대 의학의 "조류들"로부터 철학적 쟁점을 끌어낼 수 있었기 때문이다. 이 쟁점은 바로 "개체"individu이다. 실로 알랑디의 책은 다음과 같이 꽤나 화려한 선언으로 시작한다. "개체가 다시 등장하고 있다. 과학이 그 고유한 대상인 개체들로 근접해 가고 있다는 사실을 우리가 알아차리게 되는 날 보편성을 사랑하던 철학자들은 공황 상태에 빠질 것이다. 이들에게는 안 된 일이지만 어쩔 수 없다." 그렇다면 개체는 "사라졌었는가?" 그렇다. 왜냐하면 과학의 실증성을 흉내 내겠다는 미명하에 인식론적으로는 굴복당하고 윤리적으로는 부적합하다고 평가된 개체를 의사들의 관심사에서 소거하는 데에 철학이 일조해 왔기 때문이다. 그러나 개체가 더 이상은 없는 것처럼 다루어지기를 용인하지 않을 것이기 때문에, 더 나아가 질병의 매체라는 수동적 역할을 더 이상 체념한 채 받아들이지 않을 것이기 때문에 "개체가 의학을 위협한다"는 언명이 이 책의 첫 선언으로서 반향을 일으키는 것이다.

젊은 캉길렘은 위험을 무릅쓰고 몇몇 사람들은 회고적으로 경솔했다고까지 평가할 수 있을 만한 다음과 같은 진단을 내리기를 감행했다. "파스퇴르의 광채가 희미해지고 있다." 사방에서 파스퇴르를 "인류의 은인"으로 추앙하는 국가와 교회의 미사가 거행되고 있다는 이유로 캉길렘을 만류해야 할까? 캉길렘은 냉소적으로 다음과 같이 논평했다. "파스퇴르에 대한 추앙은 추상적인 것들에 대한 애착이라고 일축할 수 있다. 왜냐하면 결국 실로 존재하는 것은 각각의 인간들이기 때문이다. 심지어 인체는 이중적 개체성을 지닌다. 인체는 생명체인 한에서 개체성을 지니는데 이는 여느 동물에게나 마찬가지이다. 그러나 인체는 인간적이라는 점에서, 즉 정신과 인격으로부터 분리될 수 없다는 점에서 훨씬 더 뚜렷한 개체성을 지닌다…."

이후로도 캉길렘은 알랑디의 책을 잊지 않았다. 1978년에 출판된 『정신분석 신평론』*Nouvelle Revue de psychanalyse*에 실린 논문에서 캉길렘은 첫 페이지에서부터[12] 그의 책을 또 다시 인용한다. 인간의 개체성이 무엇인지에 대한 반성적 분석은 캉길렘이 쓴 전문적 성격의 글에서도 의학에 관한 문제의식의 한 축으로 남아 있었다. 그의 논문은 생리학의 지위에[13] 대한 문제 제기 후 "정상적인 것과 병리적인 것에 대한 과학이 존재하는지"를 묻기에 앞서 "병리적 상태는 정상적 상태의 양적 변이에 불과한가?"라는 질문을 중심으로 브루세, 콩트, 베르나르와 르리슈의 주장들의 역사적 측면을 대조하며 시작된다.

캉길렘은 그의 증명만큼이나 명확하게 다음과 같이 말한다. "생물학적 규범에 관해서 논할 때에는 항상 개체에 근거해야 한다."[14] 더 정확히 말해, 인간 존재에 대해 논할 때 문제시되는 것은 이 존재자의 생의 안정성을 시험에 들게 하며 이 존재자로 하여금 스스로 "환자"임을 자처하고 의사를 부르게 만드는 개체의 고통과 고뇌이다.

인간인 한에서 개체에게는 의식이 주어진다. 개체는 환자이기를 자처하며 자신이 지닌 생물학적 규범들의 상태를 판단한다. "생에 고유한 놀라운 점은 질병에 의해 야기되는 불안감이다."[15] 그리고 이 판단은 이 규범들의 미래에 영향을 미칠 수 있다. 어느 경우에나 이 판단은 자신의 오늘의 가능성과 어제의 가능성을 비교하는 것으로 이뤄진다. 그리고 질병에 의해 위협받는 것은 어떤 기관의 기능(혹은 실재)이 아니라 개체의 "생의 동세"allure,[16] 즉 개체가 미래에 자신의 환경과 맺게 될 모든 관계이다.

캉길렘은 의학적 신체에 관한 자신의 주장에 제기될 수 있는 예상 가능한 반론들에 세심하게 대처한다. 모두가 알다시피 개체의 판단은 종종 적절하지 않다. 예를 들어 허리가 아프다는 사람에게 실제로 허리병이 있는 경우는 매우 드물다! 이는 맞는 말이다. 그리고 이것이 임상이 필수적인 이유이다. 왜냐하면 "임상은 의사들을 기관이나 기능이 아니라 완전하고 구체적인 개체와 관계 맺게"[17] 하기 때문이다. 임상은 환자의 판단을 평가하는 것을 가능하게 한다. 헌데 환자는 자신의 고통의 본성에 대해 착각을 하지 않는가? 그러나 이것이 환자가 환자임을 자처하고 자신의 허리를 내보임으로써 "기관들의 침묵 속에"(르리슈) 살 때의 허리에 비교하자면 새로운 "생의 동세"에 진입했다는 것에 대한 자각을 표현하고 있다는 사실을 부정해야 할 이유가 될 수는 없다. 캉길렘은 주저 없이 "인간에게 환자가 된다는 것은 이 단어의 생물학적 의미에서조차 실로 다른 삶을 살게 된다는 것을 의미한다"[18]고 쓴다. 의사가 된다는 것은 환자의 곁에서 "생의 편에 서는 것이다".[19] 의학("생의 기예")을 통해서 인간 생명체는 자신에게 "상대적인 것이지만 인간 과학에는 필수 불가결한 빛, 즉 부정적 가치를 지니는 모든 것으로부터 자신을 지켜 내고 이에 반해 투쟁하려는 자발적인 노력"[20]을 기울여 생명을 연장한다.

소위 "과학적"이라 일컬어지는 근현대 의학의 비극은 "의학이 결국 의사를 불러내는 것은 환자라는 사실을 망각하고, 생리학자가 그들의 관점에서 전적으로 부조리해 보인다는 이유로 임상적, 치료적 의학이 생리학에 앞선다는 사실을 망각하는 경향"[21]에서 비롯된 것이다.

이러한 비극을 종결시키기 위해 캉길렘은 역설적이게도 의학박사 학위논문에서 의사에게 "관점을 바꾸고", 환자에 대한 과학을 하기 위하여 본인의 관점을 환자에게 적용하기를 멈추며, "대부분의 경우 뒤섞여 있는 두 관점, 즉 자신의 질병을 느끼며 질병에 따르는 고통을 겪고 있는 환자의 관점과 생리학이 다룰 수 있는 것 말고는 아무것도 질병에서 발견하지 못하는 학자의 관점"[22]을 정확히 구별하라고 종용한다.

의사에게 본인의 관점을 이해시키기 위해 캉길렘은 의사들이 존경하는 브루세와 콩트 그리고 베르나르의 글에서 앞서 다룬 망각에서 기인하는 이론적 부정합성을 드러낸다. 그리고 만약 르네 르리슈가 이들과 대비를 이룬다면 이는 그 덕분에 "뜻밖에도 다시금 환자들의 질병 개념이 해부-병리학자의 질병 개념보다 질병에 더욱 적합한 개념이 되기"[23] 때문이다.

"환자의 질병"을 망각하는 것을 장려하고 합리화하는 의사들의 논리는 해명의 대상이 된다. 이러한 의사들의 논리는 의학적 신체가 보증하는 "증거들"의 집합에 근거하고 있다. 이 증거들은 병리적 현상과 정상적 현상 사이에 그리고 병리적인 것과 생리적인 것 사이에 본성상 차이가 없다고 주장한 콩트로부터 브루세까지 이어져 내려온[24] "도그마"를 중심에 두고 있다. 현상의 이 두 유형들 사이에는 동질성과 연속성이[25] 있다. 의학과 상식이 이러한 도그마를 동시에 주장하고 있는 듯하다. 병리적 현상은 혼란된 정상적 현상에 지나지 않는다. "질병에 대한 과학"인 의학은 "생명에 대한 과학"인 생리학에 근거해야 한다.[26] 이 증거들이 물리화학의 사례를 통해 보장된 과학의 징표인 양화의 담지자로 간주됨으로써 이러한 관점은 공고해진다. 『식물과 동물에 공통된 생명 현상에 관한 강의』*Leçons sur les phénomènes de la vie communs aux animaux et au végétaux*[27]에서 클로드 베르나르는 "화학은 하나다"라고 선언한다. 그의 업적은 아주 정확하게 이러한 의미에서 결정론을 주장했다는 데에 있다. 우리가 이로부터 생리적인 것에 대비되는 병리적인 것이 "양적 변화에서 기인하는 정상적 기제의 혼란, 정상적 현상의 감소나 증가"에 불과하다고 결론지을 수 있을까?

이 지점에서 우리는 활동하고 자신의 유기적 잠재성을 발휘하던 중 마주친 장애물을 고통스럽게 인식하고, 그 가능성의 "좁아짐"에 따라 하나의 전체로 이해된 자신의 생을 재정비해야 하는 구체적인 개체로부터 아주 멀리 떨어지게 된다. 근대의 임상가는 생리학적 분석이 이뤄지는 실험실로 관심을 돌렸다. 구체적인 개인으로서의 환자와 마주할 특권을 지녔던 것은 임상가였지만 이들은 "생리학자의 관점을 받아들일 것"[28]을 요구받았다. 이 지점에서 개인, 질병이 자아내는 이야기 속에서의 비극은 언어에 그 흔적이 남아 있는 시선의 전환에 의해 감춰진다. 이로부터 사람들은 질병이 "오직" 병변이나 기능 장애의 형태로 나타남에도 불구하고 병든 기관에 대해서, 뒤이어 "분자 수준의 질병"[29]에 대해 이야기하기 시작한다.

어째서 이 거짓된 "증거들"이 근대 의학의 선구자들에게 강한 인상을 주었던 것일까? 어째서 이 관점이 그리도 쉽고 광범위하게 의학의 영역에서 승리를 거둘 수 있었던 것일까? 어떻게

1929년에는 너무나 당연한 것이었던 "개체의 귀환" 선언이 의학 내부에서, 의학에 의해 나타나지 않았던 것일까? 이 질문들에 대해 캉길렘은 시대에 대한 분석까지 포함하는 다수의 설명을 제시한다.

첫 번째 설명은 우리의 관심을 비교적 최근에 등장한 한 철학이 지성에 미치고 있던 영향력으로 이끈다. 이 철학은 과학적 이념 자체를 함축하고 있는데 바로 이 이념에 의해 서구 사회를 지배했던 관점의 전환이 의학에도 도입되었다.

이 철학은 콩트의 실증주의를 의미한다. 캉길렘은 이 실증주의가 의학적 사유에 미친 영향력에 대해 중요한 논문을 쓴 바 있다.[30] 실증주의는 오귀스트 콩트가 지성인들을 깨우치기 위해 능숙하게 변주했던 여러 형식의 격률로 소개될 수 있다. "과학으로부터 예측이, 예측으로부터 행동이 도출된다" 혹은 더 간단하게는 "행동하기 위해 안다" "예측하기 위해 알고, 해내기 위해 예측한다" 등등. 이러한 격언을 통해 콩트는 모종의 이유에서 계몽주의 철학, 특히 콩도르세의 철학을 계승하길 자처한다. 그런데 이 격언에는 과학과 기술의 관계가 과학에 대한 기술의 연대기적, 논리적 우선성을 부정하는 "적용"의 관계라는 이해가 함축되어 있다.[31] 19세기의 프랑스 의사들은 이와 같은 기술자적인 이해를 기꺼이 받아들였고 이는 의학에 대한 생리학의 우선성을 주장하는 것으로 표출되었다. 이 철학적 주장은 "이후에 주어질 이론적 해결책에 대한 어떠한 가정도 하지 않은 채로 구체적인 문제로 주의를 이끌고, 장애물이 있는 쪽으로 연구의 방향을 조정하는 조언가이자 주동자"로 간주해야 하는 기술을 "신성한 차원에 봉사하는 유순한 하인"으로 만들기에 이른다.[32] 이를 위해 19세기의 합리주의적 낙관주의는 최초의 영감이 담겨 있는 모든 부정적인 것들의 실재성을 거부하고자 했다. 실천에서 마주친 장애물을 지배하지 못하는 인간의 모든 무능력을 무지의 탓으로 돌리고, 과학에게 인간 진보에 장애물이 되는 모든 신비를 일소할 권한을 부여하는 것은 기술적 활동의 "무모함"[33]을 두려워하고, 도전적이라 여기며, 성문화된 지식의 "신중함"을 선호하는 산업 문명의 고유한 특성이다.

일반적으로 기술이 효율성의 증가라는 목적을 위해 과학적 지식들을 융합시킬 수 있다는 것, 더 구체적으로는 의학이 이 같은 목적을 위해 주어진 생리학적 지식의 이점만을 취할 수 있다는 것은 이론의 여지가 없는 명백한 사실이다. 그리고 임상에서 갑작스럽게 등장하는 문제와 병리학 없이는 생리학이 그 존재 이유의 본질과 진보의 동력을 잃게 되리라는 것 또한 이에 못지않게 명백한 사실이다.

우리는 어떤 의미에서 캉길렘을 "의학을 다룬 철학자"로 보는 시각이 정당화될 수 있는지를 살펴보았다. 캉길렘은 의학적 실천과 개념 그리고 이론의 세부적인 측면을 세심하게 살펴봄으로써 철학적 활동에 특별히 유익한 소재들을 발견했다.

의학박사 학위논문에서 개진된 캉길렘의 이 독창적인 입장은 생명의 "안정된 동세에 관한 과학"으로서의 생리학에 대한 성찰을 통해 곧장 확장된다. 캉길렘이 '생명체에 대한 과학을 다룬 철학자'라고 말해야 할까, 아니면 '생명을 다룬 철학자'라고 말해야 할까?

우리는 이 두 질문 모두에 긍정적으로 답할 수 있다. 만약 의학이 확인된 위반 사례들에 과학(생리학)을 적용하는 것으로 간주될 수 없고, 오히려 슬픔에 빠진 인간 생명체의 부름에 대답해야 하는 기술이라면 의학은 어디로부터 그 목적을 이끌어 내고, 어떻게 그 유용성을 입증할 수 있을까? 치유와 건강의 관념에 대한 캉길렘의 중요한 글들을 살펴보자.[34]

『정상적인 것과 병리적인 것』에서 캉길렘은 르네 르리슈를 인용하여 건강을 정의했다. "건강은 기관들의 침묵 속에 잠긴 생명이다." 1988년, 캉길렘은 발레리의 격률을 부가하여 이 정의를 더욱 풍부하게 만든다. "건강은 필수적 기능들이 느낄 수 없게, 혹은 기꺼이 실현되고 있는 상태이다."[35] 또한 캉길렘은 위대한 의학사가 샤를 다랑베르[36]의 정의를 따라 "우리들은 건강한 상태에서 생명의 활동을 느끼지 못한다"고 말한다. 디드로는 이미 그의 유명한 글에서 건강의 개념에 치유의 개념을 연관시킴으로써 이 침묵의 역설적 측면을 드러낸 바 있다. "우리가 평안할 때에는 신체의 어느 부분도 우리에게 그 존재를 알리지 않는다. 만약 어떤 부분이 고통을 통해 우리에게 그 존재를 알린다면 이는 틀림없이 우리가 불편하다는 것이다. 만족감을 통해 신체의 어떤 부분을 느낀다 하더라도 우리가 평안한 상태에 있는지 아닌지는 확실치 않다."[37]

어째서 의사들은 항상 질병보다는 건강에 대해서 많이 이야기할까? 캉길렘은 건강에 대한 과학이 없기 때문이라고 대답한다. 건강은 가치이다. 건강은 각 개인이 얻어 내고자 하거나, 이미 갖고 있거나, 상실할 수도 있는 주어진 능력을 넘어서는 능력에 대한 의식 속에서 개별적으로 느껴지는 가치이다. 정상적인 것과 병리적인 것의 가치에 대한 개별적 상대성을 참조하게 하는 것이 건강이다.

그렇다면 "치유"란 무엇일까? 치유는 "환자와 의사 사이의 관계에서 나타나는 어떤 사건"이지만,[38] 그 본성은 애매한 것으로 남아 있다. 대중들의 언어뿐만 아니라 학자들의 언어도 병리적 현상이 가역적이라는 관념의 기저에 깔린 애매함을 잘 보여 준다. "복구하기, 복원하기, 회복하기, 재구성하기, 회수하기, 되찾기 등등."[39] 캉길렘은 의학박사 학위논문에 제기되었던 비판에도 불구하고 자신의 입장을 고수한다. 병에 걸렸던 생명체는 결코 순수하고 단순하게 자신의 이전 상태로 돌아가지 않는다. "어떠한 치유도 회귀가 아니다." 중요한 것은 충분히 살아갈 만한 수준의 삶을 새로운 조건 속에서 수용할 수 있는 능력이다. 이는 환자와 의사가 함께 처해 있는 상황의 복잡성을 보여 준다. 왜냐하면 의사의 일은 결국엔 환자가 자신의 생에 대해 가지고 있던 관념과 결부된 주관적 가치평가에 관한 것이기 때문이다. 정신분석학자들 또한 "자신의 치유를 수용하고, 비록 이전과는 다를지라도 치유된 사람으로 행동하며 새로운 실존의 문제들에 마주할 각오가 되지 않은" 환자들의 역설에 대해 알고 있었다. 정신분석학자들은 "자신의 질병이라는 범주 내에서 좋은 점을 발견하고, 치유를 거부하는"[40] 환자들이 있다는 사실을 안다.

이러한 분석과 입장은 구태의연한 것인가? 이러한 입장이 적어도 문명화된 국가에서는 성과를 거둔 것처럼 보이는 공중보건학과 예방의학의 시대인 오늘날에는 결국 한물간 의학사의 한 시대에 속하는 것일 뿐이라고 말할 수 있을까? 모든 전문가들이 통계적으로 확립된 측정치를 제시하는 데 열중하는 21세기 초에 어떻게 우리가 개체적 판단이라는 차원에서 "삶의 수준"에 대해서 정당하게 이야기할 수 있겠는가?

논쟁의 여지는 남아 있다. 그러나 적어도 캉길렘이 이러한 변화를 무시하지 않았었다는 점은 인정해야 한다. 캉길렘은 자신의 논문과, 건강에 대한 강연에서 이 문제를 새롭게 다루었다. 캉길렘은 "공중 보건"santé publique이라는 표현을 "공중 위생"salubrité publique이라는 표현으로 대체할 것을 제안한다. 왜냐하면 그가 보기에 공적인 것은 질병이지 건강이 아니었기 때문이다. 위생을 위한 노력들은 성공으로만 장식되어 있는가? 평균 수명만을 고려한다면 이 질문에 대해 긍정적으로 답할 수 있을지도 모른다. 그러나 위생은 "인구를 지배하는 데에 적용된다. 이는 개체들의 문제는 아니다". 위험한 것은 이렇게 해서 위생이 개체의 망각에 일조한다는 것이다. 이 망각은 의학이 환자를 고려하지 않게 만들고, "전문가의 의학적 이데올로기"를 전파하는 국가의 장치로 작동하게 만든다. 이데올로기에 따르는 결과 "신체는 어떤 기관의 배터리인 양 여겨지기"[41] 시작한다. 이러한 의학의 "탈인간화"에 대한 대항으로서 대중들의 거부반응이 나타난다. 이 거부 반응에 의해 순진한 대중들은 소위 인간을 중시한다는 비밀스러운 "자연주의적" 공상에, 뒤이어 정규 의사로부터는 얻을 수 없는 효과를 보았다고 자격 없이 주장하는 "치유사"들의 흥미로운 제안에 노출되고, 이에 동조하기에 이른다. 캉길렘은 자주 이반 일리치(Ivan Illich, 1926~2002)[42]를 인용하였으며, "과학적으로 조건화된 건강에 대한 불신을 통해 이 비공식적이고 무질서한 건강에 대한 변호와 예증이 아주 우스운 것까지 포함하여 온갖 형태를 취하는 것"을 개탄했다.[43]

이 거슬리는 논쟁으로부터 벗어날 길은 분명하게 제시되어 있다. 이를 위해서는 "규범 개념과 평균 개념 사이의 논리적 독립성을 주장"해야 하며 이어서 "객관적으로 측정된 평균의 형식만으로는 해부학적인 혹은 생리학적인 정상의 완전한 등가물을 제공하는 것이 결코 불가능하다는 사실"[44]을 주장해야 한다.

근대 의학이 19세기 이래로 인정하는 생리학의 권한은 의학을 유기체들의 정상적인 구조와 기능을 정의할 수 있을 것이라 가정된 과학의 적용으로 만들려는 "의학적 이데올로기"의 소산이다. 이 "관점"은 의사의 근심거리로부터 구체적인 인간 개체를 말소해 버린다는 역설적이고 유감스러운 결론에 다다른다. 그러나 이 "관점"은 개념적 혼동을 대가로 치를 때에만 과학적으로 정당화될 수 있다. 이러한 개념적 혼동의 제거가 철학적 활동의 소관이다.

이를 증명하기 위해서 캉길렘은 의사가 아니라 뒤르켐 학파의 대적자로 여겨지는 저명한 사회학자 모리스 알박스[45]의 작업을 참조한다. 알박스는 1913년 벨기에 통계학자인 아돌프 케틀레(Adolphe Quételet, 1796~1874)의 선구적 작업을 콩도르세에서 라플라스로 이어지는 계보 속에서 이해하고, 이에 대해 엄격하고 비판적인 발표를 한 바 있다. 자신의 저작에서 케틀레는 인체 측정학과 경제학, 사회과학에 확률 계산을 적용했다.[46] 그렇다면 케틀레가 인간의 신장과 같은 특성의 통계적 분포에 관한 연구를 통해 증명하고자 했던 것은 무엇이었을까? 케틀레는 이 특성과 관련된 편차들의 "정상 분포 곡선"에서 더 나아가 "인간형"type humain의 존재를 드러내고자 했다. 문제시되고 있는 특성에 관하여 이 "인간형"으로부터 개체가 드러내는 편차들은 "우연의 법칙"에 속하는 것이고, 따라서 우발적인 것일 뿐이다. 이 정상 분포 곡선으로부터 도출 가능한 인간형에 대한 케틀레의 "존재론적" 해석은 세계에 대한 목적론적 이해에 기반하고 있다. "나의 근본적인 이념은 진리를 중시하는 것이며 인간이 자기도 모르는 새에 신성한 법칙에 얼마만큼이나 종속되어 있는지 그리고 인간이 어떤 규칙성을 통해 이 법칙들을 실현하는지를 증명하는 것이다." 케틀레는 이러한 인간 유형에 "평균인"homme moyen이라는 이름을 부여하였다. 이렇듯 케틀레는 어떠한 어려움도 없이 평균의 개념과 규범의 개념을 동일시한다. 왜냐하면 신이 이 두 개념의 일치를 예비해 두었기 때문이다.

알박스는 이의를 제기한다. 인간의 경우, 신장과 같은 물리적 특성의 분포를 우연의 법칙의 탓으로 돌릴 수는 없다. 왜냐하면 신장이라는 특성을 통해서 인간이 그 환경과 맺고 있는 관계에서 비롯되는 유기적 효과들이 드러나기 때문이다. 이 환경 속에서 "생활 양식"genres de vie을 정의하는 사회적 규범들은 생물학적 법칙과 항상 충돌한다.

캉길렘은 규범이 평균을 표현하는 것으로 주어진다고 보기보다는 평균과 규범이라는 두 개념의 관계가 "평균을 규범에 종속시킬 때에만 설명될 수 있는 것은 아닌지"를 묻는 것이 정당하다고 결론 내린다.

의학에서 제기되는 생리학, 병리학 그리고 치료학의 관계에 대한 질문이 명확해진다. 정상적인 것과 병리적인 것을 구별하기를 원한다면 문제가 되는 것이 구체적인 인간 개체라는 사실을 항상 염두에 두어야 한다. 그러나 이 개체는 그가 자신의 환경과 지속하고 있는 논쟁의 차원에서 고려되는 경우에만 정확히 인간적 의미를 지닌 구체적 실존을 갖는다.

우리는 지금 의철학 분야에서 가장 유명한 캉길렘의 주장들,[47] 즉 그가 과학으로부터 이에 앞서는 의식으로의 "관점 변화"를 통해 이뤄낸 성과에 접근하고 있다. 지금의 맥락에서 이 관점의 변화는 생리학자들과 과학적 권위에 종속된 의사들이 주장했던 관점을 포기하는 것을 의미한다. 이 관점에 따르면 환자는 어떤 유기체의 "교란되지 않은" 기능을 표현하는 평균으로부터의 일탈이다. 자신의 실존에서 다소간 중대할 하나의 비극으로서 질병을 겪고 있는 환자의 관점을 받아들이는 것이 중요하다. "생의 편에 선다는 것"은 통계적 평균의 편에 서는 것이 아니라 자신의 환경에 대한 규범성의 능력이 축소된 개체의 편에 선다는 것이다. 생명 존재에게 정상적이라는 것은 규범적이라는 것, 즉 "생에 고유한 규범성"을 표출한다는 것이다. 그것이 가능한 인간 개체에게, 자신의 규범성을 표출한다는 것은 자신의 동세를 합리적으로 통제하여 생의 규범성을 "확장하고자" 하는 것이다.

캉길렘은 규범과 평균에 관한 분석을 비엔나의 철학자 로버트 라이닝어(Robert Reininger, 1869~1955)를 인용하는 것으로 끝

마친다.[48] "세계에 대한 우리의 상은 항상 가치상이다." 이 언명은 "모든 생명체"의 범주에까지 적용될 수 있다. 의학의 앎과 실천에 의해 드러나는 구체적인 인간의 문제에 대한 반성적 분석을 시도했다는 점에서 캉길렘의 의철학은 인간적 가치의 생물학적 "뿌리"에 대한, 혹은 인간 존재라는 특정한 생명체의 규범성의 생물학적 "근원"에 대한 질문을 제기하는 생명철학을 넘어선다. 이 반성적 분석의 목적은 인간 존재가 자신의 생 자체에 갖고 있는 의식과 지식을 통해 야기하는 반작용에 대한 질문을 더 잘 제기하는 것이었다. 이 반작용은 생의 기술인 치료학까지 포함하며, "생 안에, 즉 물질에 대한 동화와 정보 수집 활동 안에 기입되어 있는"[49] 인간의 기술을 통해 구현된다.

3장 역사적 인식론?

1960년대 캉길렘이 소르본에서 했던 강의가 학생들의 큰 호응을 불러일으키자[1] 사람들은 그의 작업이 역사적 인식론épistémologie historique이라는[2] '프랑스적' 장르에 속한다고 소개하곤 했다. 세밀한 역사적 연구들을 통해 프랑스에 이러한 전통이[3] 존재하며 이 전통이 비엔나 학파, 논리실증주의, 언어철학의 유산을 이어받았거나 거부하는 소위 영미 계통 인식론 외부에서 발전했다는 사실이 밝혀졌다.[4] 캉길렘이 지적했듯 과학철학에 과학사를 접목시킨 이 전통의 아버지는 콩트이다. "이 전통에 대해 어떤 판단을 내리든 간에, 인간 정신의 역사적 발전 법칙에 따른 자신의 출현의 필연성으로부터 권위와 신용을 얻을 수 있다고 선언한 철학 학파가 19세기 무렵에 과학사, 즉 18세기 학계에서 탄생한 문학 장르를 과학철학에 도입했다는 사실에 대해서는 적어도 이견의 여지가 없다."

가스통 바슐라르(Gaston Bachelard, 1884~1962)는 전통의 독
창성을 드러내는 동시에 비판했다. 바슐라르는 샹파뉴 지방의 물
리-화학 교사로 1927년 철학박사 학위 취득 후 1934년『새로운
과학 정신』*Le nouvel Esprit scientifique*을 출판했다. 그는 이 저서를 상
대성 이론과 파동 역학이라는 물리학의 새로운 학설로부터 심리
학적이고 교육학적인 교훈을 이끌어 내 현대 철학자들에게 소개
하기 위해 썼다. 그리고 4년 후, 바슐라르는 교직자와 학생들을 대
상으로 "객관적 지식에 대한 정신 분석"이라는 부제가 붙은『과학
정신의 형성』*La formation de l'esprit scientifique*을 출판한다.[5]

바슐라르의 학생은 아니었지만 캉길렘은 그에게 헌정한 논
문 다수에서 그의 저작으로부터 깊은 감명을 받았다고 밝히고 있
다. 1957년에 출판된 논문집에 실린 한 글에서[6] 캉길렘은 바슐라
르의 저작의 "본체"를 구성하는 세 가지 "공리"를 규정한다.

"제1 진리는 얻을 수 없다. 다만 제1 오류들만이 있을 뿐이
다"[7]라는 유명한 정식을 인용하며, 캉길렘은 "첫 번째 공리는 오류
의 이론적 우선성에 관한 것"이라고 쓴다.

널리 알려진 또 다른 정식 "직관들은 파괴당하는 역할을 맡
는다는 점에서 매우 유용하다"[8]로 표현될 수 있는 "두 번째 공리는
직관에 대한 사변적 평가 절하에 관한 것이다".

"세 번째 공리는 관념의 관점으로서의 대상의 지위에 관한

것이다." 『유사 지식에 관한 시론』*Essai sur la connaissance approchée*[9]에 나타나는 이 표현의 의미는 다음과 같다. "우리는 실재를 구성해야 하는 필요성 그 자체로부터 실재를 이해한다. 우리의 사유는 실재로부터 출발하는 것이 아니라 실재로 향한다."[10]

첫 번째 공리는 캉길렘이 중요한 가치를 부여했던 『과학 정신의 형성』에서 개진된 "인식론적 장애물"obstacle épistémologique이라는 관념과 연관되어 있다. 캉길렘은 이 관념을 바슐라르를 "과학사 분야의 천재적 혁신가"[11]로 만드는 "고안물"로 본다. 바슐라르는 이 관념에 근거하여 18세기 합리주의자와 19세기 실증주의자가 믿었던 것과는 반대로 과학적 사유의 역사에서 "오류는 무력함이 아니라 힘이며, 몽상은 연기가 아니라 불꽃이다"[12]라고 쓸 수 있었다. 능동적 연구에서 오류는 증식한다. 오류는 사유 그 자체에 원천을 두고 있다. 오류들은 욕구, 이미지 그리고 몽상을 관념으로 변환한다. 사유는 자신을 지배하는 "동요"를 모면했을 때에만 지식을 향한 여정에 가담할 수 있다.

이로부터 과학사를 서술하는 새로운 기예가 나타난다. "이 역사는 더 이상 자연사와 마찬가지로 전기들의 모음, 학설에 대한 묘사가 될 수 없다."[13] 이 역사는 합리적 가치가 어떻게 과학적 활동 자체를 이끄는지를 보여 주는 개념적 계보의 역사가 된다. 그러나 이 계보들이 단절 없이 이어지는 것은 아니다. 역사가는 캉길렘이 "선구자의 바이러스"[14]라고 불렀던 과학사가들을 홀리는 유혹에 넘어가서는 안 된다.

캉길렘은 바슐라르가 "이제껏 하위 범주에 속해 있었던 상황에서 과학사를 끄집어 내 일선의 철학 분야로 끌어올림으로써" "과학사의 의미"를 근본적으로 쇄신했다고 평가한다.

1966년 10월 몬트리올에서 캉길렘이 했던 과학사의 대상에 대한 발표는 팔레 드 라 데쿠베르트에서 행해진 바슐라르의 발표 "과학사의 현재성"L'actualité de l'histoire des sciences[15]이 『현대 물리학의 합리주의적 활동』L'activité rationaliste de la physique contemporaine[16]에서 맡았던 것과 마찬가지로 『과학사와 과학철학 연구』의 서문 역할을 한다. 바슐라르로부터 캉길렘을 거쳐 이들의 제자에까지 이르는 앞서 언급한 세 가지 공리를 받아들이는 과학철학과 과학사 영역에서의 '프랑스적 전통'은 더욱더 두각을 나타내고 있다. 이 역사는 개념 수정의 합리적 가치에 대한 연구를 근본 목표로 지니며, 이를 통해 "낡은 역사"와 "승인된 역사"를 구분하고자 하는 개념적 계통에 대한 역사이다.[17] 이 역사는 과학적 진보의 현상황에 따라 돌이킬 수 없을 만큼 시대에 뒤진 과거의 관념(예를 들면 라부아지에가 기각한 플로지스톤과 같은)과 현행 과학에서도 현전하고 작동중인 관념(예컨대 조셉 블랙(Josephe Black, 1728~1799)의 초기 연구에 영감을 준 비열과 같은)에 대해 판단을 내리는 항상 새로이 쓰여야 하는 역사이다.

캉길렘이 철학 교수 자격시험 감독관을 맡고 있던 51세에 제출한 철학박사 학위논문은 이 전통이 이룩한 성과로 간주될 수 있다. 이 논문은 바슐라르의 지도하에 집필되었으며, 그가 편집장을 맡고 있던 『현대 철학 총서』*Bibliothèque de philosophie contemporaine*의 "과학의 논리와 철학" 섹션에 포함되어 출판되었다. 이 논문의 제목 『17, 18세기 반사 개념의 형성』*La formation du concept de réflexe aux XVIIe et XVIIIe siècles*[18]에서부터 바슐라르의 영향이 분명히 느껴진다. 이 논문을 쓰고 얼마 지나지 않아 캉길렘은 바슐라르가 맡고 있던 소르본 과학철학·과학사 교수직과 파리 대학의 기술사·과학사 연구소 소장직을 잇게 된다. 이 저서를 읽어보면 캉길렘의 문제의식이 "낡은" 역사(생리학에서 데카르트적 기계론의 역사)와 "승인된" 역사(생기론적 전통의 역사)를 구분할 수 있게 하는 "개념적 계통"의 역사를 ─ 기만에 대항하는 "적법한" 계통의 재구성 ─ 쓰는 것이었다는 점을 확인할 수 있다. 또한 우리는 이 저작에서 세 번째 공리("대상은 관념의 관점이다")에서 연역된 "기술 현상학"의 개념에까지 이르는 바슐라르적 과학철학의 핵심적 관념들phénoménotechnique을 찾아볼 수 있다.

그러나 캉길렘은 1977년 본인이 "인식론적 임명권이라는 새로운 권력"을 비판하는 글에서 썼듯이[19] 어떠한 "개량, 재검토, 방향 전환"도 없이 이 공리들을 차용하지 않는다. 여기서 캉길렘은 바슐라르의 용어들을 아주 조심스럽게 다룬다. 재검토는 그 적용 영역의 관점에서 앞서 언급한 공리들을 재평가하면서 진행된다.

농업 분야의 어휘에서 차용된 "개량"이라는 용어는 개선이라는 의미를 변형시킨 용어이며, 산업 현장에서 따온 "방향 전환"이라는 용어는 출발점의 혹은 목적지의 변경을 의미한다.

『반사 개념의 형성』에서 주의를 끄는 사항은 이 논문과 정상적인 것과 병리적인 것의 문제를 다룬 의학박사 학위논문을 관통하는 문제의식의 연속성이다. 캉길렘이 반사 개념에 흥미를 가졌던 이유는 자신의 의학 논문에 제기될 수 있는 반박을 검토하기 위함이었다. 반사 개념이야 말로 어떤 치료학적 실천이 아니라 기계적 현상으로의 환원을 통해 생명체를 과학적으로 설명할 수 있다고 주장하는 과학적 이론의 "불수의적 운동"이라는 개념의 응용을 통해 얻은 명백한 성과이지 않은가? 최근까지도 우리들은 기계론자 중의 기계론자인 데카르트(Descartes, 1596~1650)를 차차 다듬고 수정해 나가야 할 이 개념의 아버지로 간주해 오지 않았는가?

캉길렘은 오류를 적발한다. 반사 개념을 형성하기 위해서는 우선 구심적이고 원심적인 신경 신호의 이중적 운동에 대한 관념이 필요하다. 그런데 데카르트가 세심한 주의를 기울여 그린 도상이 실린 텍스트에는 중심으로부터 주변부로 향하는 "단일한 방향의" 운동만이 묘사되어 있다. 이 주장에 있어 데카르트는 윌리엄 하비의 체계를 참조하는데, 익히 알려져 있다시피 하비는 혈액의 순환은 받아들였지만 심장을 유기체의 "화덕"에 해당하는 장기로

본 아리스토텔레스의 견해를 받아들여 근육으로서 심장이 갖는 역할을 고려하지 않았다. 따라서 데카르트의 생리학이 반사 개념의 형성에 유의미한 토대가 아니라, 반대로 장애물로 작용했다고 결론이어야 한다.

이어서 두 가지 질문이 제기된다. 언제 그리고 어째서 우리는 데카르트가 이 개념의 형성에 기여했다고 판단하기 시작했는가? 만약 이러한 판단이 오류와 기만에 의해서 형성된 것이라면 실질적으로 이러한 반사 개념을 형성한 것은 누구인가? 신경생리학이 지닌 현재의 어떤 관점이 이 역사적 재구성 작업을 통해 바뀌어야 하는가?

분석은 매우 복잡했지만 첫 번째 질문에 대한 대답은 간단하다. 데카르트는 19세기 후반부터 "선구자"[20]로서 역사가들의 주목을 받기 시작했다. 우리는 다소 거만하게 학문에 대한 극단적인 과학주의적 견해를 펼치고 이로부터 형이상학적 질문들의 무용함을 주장했던 독일 생리학자 에밀 뒤부아-레몽(Émile du Bois-Reymond, 1818~1896)의 저서에서 이 같은 경향을 발견한다.[21] 그가 보기에 데카르트는 기계론적 과학자·철학자의 전형 그 자체였다. 동물기계론은 라 메트리(La Mettrie, 1709~1751)의 『인간 기계론』*L'Homme-machine*(1747)에까지 이른다. 이 저서에 담긴 주장은 캉길렘이 제6 성찰에 대한 마샬 게루(Martial Guéroult, 1891~1976)의 연구를[22] 근거로 보여 주었듯이 아주 의심스러운 것이다. 캉길렘은 뒤 부아-헤몽이 반사 개념의 형성에 기여한 사상가들의 계보에 담긴 이론적 풍부함을 가려 버리는 철학적 고찰만을 따르고 있을 뿐만 아니라, 정치적 동기에서 데카르트를 반사 개념의 이론적 기원으로 선택하였다는 사실도 보여 준다. 반사 개념에 현대적 의미를 부여한 것으로 인정되어야 할 사람인 체코의 의사이자 비엔나 대학 교수 게오르그 프로차스카(Georg Prochaska, 1747~1820)[23]는 당시 열등하다고 평가되었던 패전국의 학자였다!

게다가 프로체스카는 평판이 나빴던 "생기론적" 전통의 계승자로 그려져 왔다. 사람들은 이 전통이 "자연에 대한 낭만주의 철학"이 만들어낸 현대판 애니미즘에 가깝고, 지성적으로 불분명하며, 과도한 형이상학에 치우쳐 있다고 생각한다. 사실 프로체스카에게 생기론은 생물학적 실재에 대한 기계론적 해석에 반하여 그 고유한 의미를 주장하는 것뿐이었는데도 말이다.

신경계 생리학의 영역에서 생기론적 전통의 역사를 거슬러 올라가면 1660년 옥스퍼드의 자연철학 교수이자 런던에서 임상의사로 유명했던 토마스 윌리스(Thomas Willis, 1621~1675)에 도달한다. 자연철학 교수로서 윌리스는 "동물 정기"를 혈액에 포함된 "미세 물질"이 아니라 불의 본성을 가진 것이라고 새롭게 정의함으로써[24] 신경을 돌아다니며 근육 운동을 유발하는 "동물 정기"의 구심적이고 원심적인 이중의 운동에 대해 사유할 방식을 제시했다. 캉길렘은 자신이 윌리스의 역사적 공헌을 최초로 부각시킨 것은 아니라는 사실을 기꺼이 인정하고,[25] 이 역사에 철학적으로 참신한 의미를 부여한다. 캉길렘은 윌리스의 연구의 두 가지 측면을 강조한다. 임상가로서의 윌리스는 사람들이 기를 쓰고 "망각한" 의학에 토대를 둔 창의적 생리학자로서 사유했던 인물이다. "데카르트는 모든 의학적 실천의 외부에서 의학 이론을 만들었다. 그는 정상적인 것으로부터 병리적인 것으로 나아갔다. 윌리스는 병리적인 것에서 정상적인 것으로 나아간다. 윌리스에게 이 두 관점의 구분은 익숙한 것이었다."[26] 윌리스는 기발한 이론가였다. 그는 "생명적 운동의 원리와 원천에 대한 거의 시적인 직관"[27]에 가까운 감각적인 유비 추론 능력을 갖고 있었다. 윌리스가 자신의 직관으로 그의 동시대인들을 거쳐 오늘날의 생리학자들까지 사로잡을 수 있었던 것은 "유비의 힘 덕분이다. 윌리스는 행동이자, 임페투스이며,* 불관성에 반하는 노력으로서의 생이 빛과 유사하다고 보았다. 그리고 이것이 그에게 빛의 법칙에서 생의 법칙의

---

* 임페투스는 아리스토텔레스로부터 비롯된 중세 물리학의 개념이다. 중세 물리학의 설명에 따르면 던져진 돌이 외부의 개입 없이 계속해서 날아갈 수 있는 것은 이 임페투스 덕분이다. 아리스토텔레스의 물리학에 따르면 운동을 일으킨 힘은 필연적으로 이동하는 물체의 외부에 위치해야 한다. 그런데 이에 따르면 지속적으로 외부에서 힘을 받지 않지만 운동을 지속하는 발사체의 경우를 설명하기가 어려워진다. 임페투스는 발사체의 운동이 시작 지점에서 얻은 내부적 힘으로부터 비롯된 것이라 설명함으로써 이러한 어려움을 해소한다.

본보기를 발견하는 것이 자명해 보였던 이유이다".[28] 윌리스로부터 프로체스카에 이르기까지 뉴턴주의자를 자처하는 "생기론적" 과학자들은 끊임없이 있어 왔다. 그들에게는 "신경계의 힘"이 뉴턴이 그 본성은 알 수 없으며 그로부터 비롯된 연속되는 결과들만을 연구할 수 있다고 인정한 인력처럼 보였기 때문이다.[29]

중요한 것은 임상으로부터 출발하여 생을 현상의 고유한 질서라고 인정하는 것이다.

캉길렘은 "인식론적 장애물" 개념을 중요하게 사용한다는 점에서뿐만 아니라 생물학의 영역에서 생기론적 주장을 다루기 위해 『불의 정신분석』*La psychanalyse du feu*(1938)을 인용한다는 점에서도 바슐라르에 충실하다. "신경계의 힘" 혹은 "동물 정기"와 불의 동일시가 반사를 설명하는 용어들의 암묵적 토대이다. 이러한 동일시는 합리적 정신을 놀라게 할 수 있다. 필시 그러할 것이다. 그러나 캉길렘은 다음과 같이 되묻는다. 불은 "인간 정신의 근본적 관심을 불러일으키는 이미지 중 하나가 아닌가?" 바슐라르는 『양초의 불꽃』*La Flamme d'un chandelle*[30]에서 "불의 진정한 이념화는 빛에서 이뤄진다"라고 썼다. 이 이념화를 통해서 윌리스와 그의 추종자들이 반사운동에서 빛 반사의 이중적 운동을 발견할 수 있었던 것이 아닌가?

마지막으로 캉길렘은 현대 과학이 사회의 제반 설비들에 의존하는 실험 도구를 사용해 그 고유한 대상을 만든다는 사실을 이해시키기 위해 바슐라르가 제시한 "기술 현상"의 개념을 인용한다.[31] 1850년에 반사의 개념은 서적에서나 묘사되던 이론적 사변의 대상에 불과했다. 이 개념은 "아직 전혀 유효하지 않았다". 그러나 이 시기부터 이 개념은 "자신이 이해하게 만드는 대상들을 존재하게 한다. 이는 현상학적일 뿐만 아니라 기술 현상적이기도 하다".[32]

반사 개념의 기술현상적 특성에 근거하여 캉길렘은 현대적 반사 개념의 "정당성의 근거"를 발견하기 위해서는 먼저 당시 사회를 살펴봐야 한다고 결론지었다. 당시의 병원, 그리고 병원에서 실천되는 임상의학 말이다. 슬개골 반사나 동공 빛 반사와 같은 유명한 사례를 언급하며 캉길렘은 다음과 같이 말한다. "결국엔 의사들이 반사의 문제나 반사의 상실에 의한 효과가 증상으로 간주되는 신경계의 질병을 다루거나 치료하기 때문에 반사가 존재하는 것이다."

이 지점에서 분석은 캉길렘이 참조하던 바슐라르적 틀을 벗어난다. 『응용 합리주의』*Rationalisme appliqué*의 저자는 물리학의 실체가 "과학자 집단"과 "기술자 집단"으로 이루어진 "증거를 모으는 연구자들의 연합"이 수행한 추상화의 결과물이라고 이야기한다. 캉길렘의 고찰은 이보다 더욱 세밀해진다. 이 세밀한 고찰을 통해 푸코의 몇몇 초기 연구의 경로가 열린다.

어떤 개념은 의료 기관에서 수행되는 진단을 이끄는 "지각 대상"의 유형에 속하게 되면 과학적, 의학적 용어를 넘어 현재적으로 활발히 작용하는 대중적 용어에까지 도달할 수 있게 된다. 이러한 개념은 "좋은 반사 신경"을 사회적으로 인정된 가치로 여기는 문명사회 전반에 통합된다. "오늘날 인간은 특정한 문명사회 속에서 살아간다. 이 문명사회는 기계적 반응의 신속함과 자동화에 두 가지 가치를 부여한다. 기계 조작자는 여기에 유용성과 효율이라는 가치를 부여한다. 스포츠 선수는 여기에 위엄이라는 가치를 부여한다. 따라서 반사는 더 이상 전문가들에게만 알려진 과학적 사실이 아니라, 말하자면 공적인 유용성, 공적인 명성과 관련된 사실이다."[33]

이렇게 문화로 "전파"됨으로써 이 과학적 개념이 인간의 생에 관한 환원적 시각을 강제하는 것은 아닐까? 이 개념은 누군가는 압제적이라고 느끼는 반면, 다른 누군가는 현대인의 자유가 개화하는 방식이라고 찬양할 수도 있는 "생활 양식"을 지지하기 위해 생리학적 견해의 권위에 호소하는 유기체에 대한 "기계론적" 시각에 유리하게 작용하지 않는가?

우리는 캉길렘의 철학박사 학위논문의 말미에서 그의 의학박사 학위논문과의 연관성과 양차 세계대전 사이 시기에 쓰였고 철학 논문보다 3년 앞서 출판된 『생명의 인식』에 실린 논문들의 주요 주제를 발견한다. 쿠르트 골드슈타인(Kurt Goldstein, 1878~1965)[34]의 저작은 "반사 개념의 재검토"를 요구한다. 루이 카미유 술라는 『생리학 개설』*Précis de physiologie*[35] 제2판에서 이 재검토의 의미를 잘 정리했다. "반사 작용은 그 반작용을 국재화할 수 있다 하더라도 지각 요소에 대한 운동 요소들의 반응이 아니다. 반사작용은 그 가장 단순한 형태에서조차도 살아 있는 존재의 반응이며 환경의 자극으로부터 분리될 수 없다."[36] 이렇게 우리는 상황의 개념이 자극의 개념으로, 행동의 개념이 반응의 개념으로 점진적 대체되는 것을 목격한다. 시대는 기계론적 반사이론으로부터 콘라드 로렌츠(Konrad Lorenz, 1903~1989)와 니콜라스 틴베르헌(Nikolaas Tinbergen, 1907~1988)이 수행한 행동 내적 모델에 대한 연구를 통해 쇄신된 동물 심리학으로 흘러갔다.

캉길렘은 외견상 무관해 보이는 이들의 연구와 조르주 프리드만(Georeges Friedmann, 1902~1977)의 연구 사이의 직접적인 연관성을 제시한다. 캉길렘은 특히 프리드만의 저서 『산업적 기계주의의 인간적 문제들』*Problèmes humains du machinisme industriel*이 인간학적 철학에 "필연적으로 내재된" 윤리적 염려에 따라 노동에 관한 가능한 모든 관점(역학적, 생물학적, 심리학적, 사회학적 관점들)을 종합하여 더 나은 판단을 내리려는 의도에서 "일류 철학자"가 수행한 "서구 근현대 문명사회의 형태에 대한 최초의 사회민족지적 시도"[37]라며 극찬한다.

자동 제어의 증대라는 의미로 이해된 노동의 테일러주의적 합리화는 노동계의 저항을 야기하며 그 실천적 한계를 드러냈다.

이 실패의 저변에는 철학적 성격을 지닌 이론적 오류가 자리 잡고 있다. 이 오류는 자기 삶의 모든 의미가 박탈당하지 않는 이상 사유하기를 포기하지 않을 것이며, 이 사유를 통해 자신의 고유한 환경을 구성하는 생명체인 인간 개체의 특수성을 무시한 것이다.[38] 기업의 이득을 위해 "개체로서의, 즉 총체적이고 개별적인 존재로서의 노동자로부터 출발해야 하는 필요성"[39]을 강조하는 심리 기술자들이 보기에 노동자들의 동의를 구할 방식에 대한 고려 없이 이들에게 그저 과학적으로 규정된 환경을 부과하려는 것은 생물학적, 심리학적, 사회적 오류였다. 결과적으로 "과학적 관점에서 노동자의 활동을 기계적 반사로 환원하는 것은 인간 노동을 기계 효용에 맹목적으로 종속시키는 것을 함축한다. 노동자가 실질적으로 기계화되기를 거부한다는 것은 이들의 고유한 운동을 기계적 반사로 분해하려는 이론적 오류를 보여 주는 증거이다".

바슐라르를 시조로 두고 있는 역사적 인식론은 방법론적 공리들에 대한 재검토를 통해 "기계적인 것에 대한 살아 있는 것의 우선성, 그리고 생에 대한 가치의 우선성"[40]을 주장하는 철학으로 재편된다. 캉길렘은 "인간이 의식하는 생에 대한 가치론적 철학에 따라" 본인의 과학철학과 과학사 연구를 관통하는 공리들의 방향을 "변경"한다.[41] 반(反)-기술적이며 반(反)-과학적인 이 철학은 바슐라르의 주요 주장 중 하나와 분명하게 대치한다.[42] 지식의 진보에서 개념의 수정이 하는 역할에 대한 바슐라르의 입장에 전적으로 동의하면서, 캉길렘은 철학적 성찰과 현재 행해지고 있는 과학의 "상호 접근"을 주장했다. 그러나 캉길렘은 철학의 질서를 잡는 것이 과학이라는 『부정의 철학』*Philosophie du non*[43]의 유명한 정식은 받아들이지 않는다. 캉길렘이 보기에 이 정식은 실증주의적 바슐라르의 입장에 가깝다. 비판의 지점은 명확하다. "과학을 기술할 때, 그리고 그 진행 과정을 정당화할 때 바슐라르는 과학으로부터 떨어지지 않는다. […] 바슐라르에게는 과학과 이성 사이의 구분도, 거리도 없다." 캉길렘의 경우에는 이성이 과학에 복종해야 한다거나 이성이 과학 그 자체라는 주장은 철학이 이성에 그 계보학적 지위를 묻는 주된 과업을 포기하는 경우가 아니라면 허용될 수 없다.[44] 어떻게 과학만이 지식을 구성하며 "과학만이 범주의 사용에 있어 규범적"이라는 것을 받아들일 수 있겠는가?

『생명의 인식』[45]의 서문 "사유와 생명체"La pensé et le vivant에서 캉길렘은 엄밀한 의미에서 인식론적인 모든 기획에 대한 비판에 암묵적으로 착수한다. 캉길렘은 다음과 같이 말한다. "인식의 과정에 주의를 기울이느라 인식의 의미를 밝히는 데 소홀해지는 것이 인식의 문제에 몰두하는 모든 철학의 특징이다." 캉길렘은 이를 다음과 같이 비꼰다. "이러한 시도는 기껏해야 앎의 자기 충분성과 순수성을 주장함으로써 인식의 과정에 대한 문제에만 답할 수 있을 뿐이다. 이는 앎이 어떤 의미를 가져야 함을 인정하면서도, 동시에 앎에서 앎 그 자체와는 다른 의미를 발견하기는 거부하는 것이다. 결국 이들은 알기 위해 안다고 말한다. 그러나 알기 위해 안다는 것은 먹기 위해 먹고, 죽이기 위해 죽이고, 웃기 위해 웃는다고 말하는 것과 다를 바 없다."

그러므로 이제는 그가 의학의 영역에서 제기한 일련의 문제들과 그의 역사적 인식론의 독특한 동세를 통해 표출되는 캉길렘의 고유하고 독창적인 철학에 접근해 볼 때이다. 캉길렘이 자신의 개입 영역이 다각화되고, 상상한 바도 없었던 분야에 개인적으로 참여하게 되었을 때에도 집요한 완강함으로 결코 포기하지 않았던 그의 "반항적 청년기"에 이뤄진 사고의 전환점을 여기서 재발견하더라도 놀라지 않도록 하자.

1937년 7월 31일, 소르본에서 『방법서설』의 출판 300주년을 기념하는 제4회 철학 국제학술대회가 열렸다. 앙리 베르그손이 몸이 불편하여 참여하지 못했기 때문에, 폴 발레리가 프랑스 학술원의 대표이자 공화국 대통령인 알베르 르브렁(Albert Lebrun, 1871~1950)과 교육 및 예술부 장관인 장 제(Jean Zay, 1904~1944)가 참석한 가운데 기조 연설을 했다.

이제 막 의학 공부를 시작한 툴루즈 고등학교의 교사였던 캉길렘은 데카르트의 사유에서 가장 등한시되었던 측면에 관심을 기울였다. 그는 "데카르트와 기술"[46]에 대한 발표를 했다. 회고적으로 말하자면 이 발표에는 그의 철학의 핵심적 주장들 중 하나가 담겨 있었다. 이 발표에서 캉길렘은 데카르트의 사유에 내재되어 있는 전환을 강조하고, 그가 자신의 주장의 근거로 제시할 수 있을 것이라 생각했던 이 전환의 본질적 어려움을 독립적으로 다루었다.

캉길렘은 인간에게 다룰 수 없는 것이 있다는 사실을 인정하고 세계의 질서보다는 인간의 욕구를 바꾸기 위해 노력해야 한다는 서설 3장의 스토아주의적 논조와 "기술자적 신념"과 "지배하려는 열정"을 표명하는 6장의 자신만만한 논조 사이의 강한 대비에 주목했다. 캉길렘은 이 마지막 장의 핵심을 과학 덕분에 "자연의 교수이자 선생님"이 된 인간이 "필연성에 대한 지식을 능력으로 전환하는 것"이라고 요약했다. 이 기획은 자연에서 모든 목적성을 제거하고, 영적 차원을 완전히 부정하고, 물질에 질적인 것은 없다고 이해한 후에만 세워질 수 있는 기획이다. 에밀 부트루가 복원한 영원한 진리의 창조에 대한 주장은 바로 이 기획의 실현에 기여한다.

데카르트는 자연을 지배하려는 기획에 따라 자신의 이론적 관심사에 인접한 기술에 주의를 기울였다. 예를 들어 데카르트는 광학 기구를 위한 렌즈의 크기,[47] 기계 조립 그리고 의학 기술뿐만 아니라 여러 가지 농업적, 군사적, 수공업적 기법에도 관심을 가졌다.[48] 그러나 "기술적 관심이 데카르트 철학의 중심 중 하나"가 되는 이유는 올바르게 정당화된 지식의 적용을 통해 "삶에 유용한" 기술의 효율성을 증가시키려는 그의 기획 때문만이 아니라

예기치 못한 물질의 저항이 이 기획에 제기하는 방해 때문이기도 하다. 데카르트가 스스로 제시한 법칙에 따라 안경을 만들었을 때에도 실천은 이론의 완전성에 도달할 수 없었다. 이 지점에서 데카르트의 사유에 큰 변화, 혹은 전환이 일어난다. 우리는 이 전환을 『굴절광학』*Dioptrique*에서 목격한다. 이 텍스트는 망원경을 개량하기 위해 어떻게 광학 법칙으로부터 초점 렌즈의 형태를 연역해 낼 수 있는지를 설명한다. 그렇다 해도 망원경이 광학의 법칙들 자체를 구성하는 데에 어떤 역할을 했다는 데카르트의 주장이 지엽적인 것은 아니다. 데카르트는 거대한 망원경의 초점을 맞추려는 시도 중에 마주친 "어려움"이 증명된 기술적 불완전성, 그리고 광학 법칙들이 유래하는 새로운 이론적 연구의 계기라고 쓴다. 캉길렘은 이로부터 이끌어 낸 교훈을 일반화시켜 다음과 같이 말한다. "과학은 기술로부터 생겨난다. 그러나 이는 참이 유용한 것의 체계화, 성공의 기록이라는 의미에서가 아니라 기술적 곤경, 불완전한 성공, 실패가 정신으로 하여금 인간적 기예를 통해 마주친 저항에 문제를 제기하게 하고, 마주친 장애물이 인간의 욕구와는 독립적이라는 사실을 깨닫게 하며, 참된 지식에 대한 탐구를 촉발한다는 의미에서 그러하다."[49]

뿐만 아니라 이 텍스트는 분명하게 장인의 작업을 의사의 작업과 연관시킨다. 병에 걸리거나 시력이 나쁜 눈 없이는 『광학』이 없듯이 하얗게 새어 가다가 끝내 죽음을 통지하는 머릿결이 없이는 "과학적" 의학도 없다….

  "기술의 주도권은 생명체의 요구 안에 있다."[50] 이 요구를 전
달하는 충동은 이론가의 허가를 기다리지 않는다. 기술은 "창
조"création[51]로서 사유되어야 한다. 이것이 캉길렘이 1938년 2월
26일 툴루즈 철학회에서 『기술적 행위와 창조』*Activité technique et
création*[52]라는 제목으로 진행한 연설에서 확증하고, 명료화하며 발
전시키는 주장이다. 과학주의에 대한 심화된 비판인 이 글에서 캉
길렘은 『비극의 기원』*L'Origine de la tragédie*[53]을 인용하며 본인이 니
체에게서 받은 영감을 드러낸다. "과학의 문제는 과학의 영역에서
해결될 수 없다. […] 과학은 기예의 관점에서, 그리고 기예는 생
명의 관점에서 고찰되어야 한다." 따라서 "능력을 갖기 위해 예측
하고, 예측하기 위해 안다"는 콩트의 정식은 유명한 만큼이나 기
만적이다. 실상 기술이 과학에 우선한다. 기술적 문제들이 과학에
게 과학적 개념의 초안을 제공한다는 어떤 기술중심주의적 의미
에서가 아니라 "과학적 사유의 비약적 발전의 조건은 기술의 실
패"라는 의미에서 말이다. 과학은 "제작하려는 충동"이 마주치는
실패와 장애물에 대한 반성으로서 나타난다. 이를 입증할 예시는
풍부하다. 열을 사용하는 기계의 효율 문제를 해결하기 위해 구상
된 열역학, 산업에 악영향을 미치는 기술적 착오에 대응하기 위한
파스퇴르의 이론(맥주, 와인, 누에들의 질병…) 등등. 탄도학의 문
제에 대해 사유했던 갈릴레이는 말할 것도 없을 것이다.

인간이 자신과 항상 논쟁중인 환경을 가공하는 한, 기술, 생산, 창조는 인간 생명체의 고유한 활동으로 남을 것이다.[54] 기계는 "본질상 유기화하려는 보편적 노력의 결과물일 뿐이다. 인간 의식은 특정 시점에 이 보편적 노력에 자신의 지식을 향한 노력의 성과를 부가하고자 한다". 캉길렘은 스스로 이 주장과 베르그손주의 사이의 친연성과 거리를 강조한다. 보편적 노력의 근원을 "충동"élan으로 보았다는 점에서 캉길렘과 베르그손은 동일하다. 하지만 베르그손에 따르면 이 충동은 지성이 그로부터 성공을 이끌어 낸 고체적인 것과 조우하면 굳어진다. 캉길렘에 따르면 이 충동은 항상 새로운 것을 만들어 내는 상태를 더 잘 지속하기 위해 자신의 실패에 대해 반성한다. 이 발표의 결론은 반실증주의적 함의가 담긴 논쟁적 풍자로서 인용될 만한 가치가 있다. "알기 위해 창조한다는 것, 이는 아마도 **과학적으로는** 불가해할 것이다. 하지만 어째서 이것이 **철학적으로도** 불가해한가?"[55]

4장 철학

"자기 자신과 모든 것들을 존재하게 할지 말지, 선택해야 한다."
—— 쥘 라뇨Jules Lagneau.

오귀스트 콩트는 베르나르 드 퐁트넬(Bernard de Fontenelle, 1657~1757)이 "스스로 철학자라고 자처하지 않는 겸손함을 지닌 철학자"¹였다고 칭송했다. 베르트랑 생-세르냉²이 아주 섬세하게 보였듯이, 『생명의 인식』의 저자 또한 이러한 겸손함과 판단의 예리함을 지닌 인물이었다. 1990년 12월 파리의 팔레 드 데쿠베르트에서 국제 철학회의 후원을 받아 캉길렘의 업적을 기리는 학회를 열기로 결정했을 때, 나는 제자 중 한 명으로서 그의 동의를 구해 오라는 임무를 맡게 되었다. 그는 일단 투덜거렸고 뒤이어 학회를 열자는 제안은 받아들였다. 하지만 그는 본인이 학회에 참석하지 않는 것이 "오히려 더 즐거울 것" 같다고 말했다. 자신의 불참에 대한 양해를 구하기 위해 캉길렘은 국제 철학회의 행정 고문에게 보낼 짧은 편지를 썼다. 이 편지에는 우리가 오늘날에도 그

의미를 곱씹어보곤 하는 내용이 담겼다. "내 나이쯤 되어서는 내가 항상 해 왔던 것과 다르게 무언가를 하는 것이 어려워집니다. 그러니까 사람들이 내 작품이라고 부르는 것을 내가 해 온 직무의 궤적과 다른 것으로서 고찰하기가 어렵다는 것이죠."

그리고 양해를 구한다기보다는 결론을 짓는 투로 다음과 같이 더 써 내려갔다. "제 처신이 투박해 보인다는 것을 잘 알고 있습니다."[3] 그가 "직업"profession 같은 단어가 아니라 "직무"métier라는 단어를 선택한 데에는 유의미한 의도가 담겨 있었던 것 같다. 그가 이 단어로 지시하려던 것은 것은 어떤 직업이 아니라 자신이 달성해야 했던 과업을 위해 취해 온 태도였다. 이 선언은 한 교수의 선언이 아니라 평생 동안 철학 자체의 가르침에 다가서고자 한 철학자의 선언이었다.

그렇다면 캉길렘은 철학 자체에 대해 어떤 생각을 가지고 있었을까? 그의 여러 글에서 이에 관련된 흔적을 발견할 수 있다. 최초의 흔적을 찾기 위해서는 캉길렘의 콩트에 관한(캉길렘의 석사 논문 주제였던 콩트는 그의 거의 모든 글에 나타난다) 글을 살펴봐야 한다. 비록 그가 알랭의 권유 때문에 이 저자에 관심을 기울이게 되었고, 근본적인 주장에 있어서는 자신과 이 실증주의의 창시자 사이에 명확히 선을 긋기는 하지만 말이다. 1958년 캉길렘은 『실증철학 강의』*Cours de philosophie positive*에 이제껏 그 중요성이 충분히 다뤄지지 않은 찬사를 보냈다. "콩트는 엄밀하게 철학적인 관점에 위치한다. […] 실존과 행동의 구체적 단일성Unité이라는 관점 말이다."⁴ 몇 페이지 뒤에서 캉길렘은 첨언한다.⁵ "의학은 분명 생의 편을 든다. 그리고 콩트의 생물학적 철학은 이 편들기를 체계적으로 정당화한다."

이와 동일한 체계적 정당화에 대한 관심이 캉길렘의 철학을 이끌어 갔다고 분명히 말할 수 있다. 그러나 캉길렘이 생각하는 정당화의 전제는 그는 동의하지 않았던 "사실에 대한 숭배"가 포함된 콩트의 전제도 아니고, 생에 관한 독일 낭만주의 철학의 전제도 아니다.

1965년 "철학과 진리"⁶라는 제목으로 방송되었던 토론에 이 전제로 향하는 직접적인 경로 중 하나가 있다. 이 방송에서 캉길렘은 프랑스의 철학 교사들 앞에서 철학적 진리는 없다고 주장하여 파문을 일으켰다. 설명이 더 필요할 것이다. "과학이 점진적으로 규명해 온 진리에 대해 철학이 맺고 있는 관계는 과학 내부에서 참과 거짓에 대해 논하는 방식으로는 그 진위를 가릴 수 없는 철학적 성찰과 연구의 대상이다."

장 이폴리트는 그에게 답했다. "그러나 철학자에게는 우리의 삶에서 비워낼 수 없는 총체성totalité의 의미가 남아 있다."

캉길렘은 이에 동의한다. "그것이 철학에 대한 정의 그 자체이다." 그리고 방청석의 고등학교 교사들을 향해 본인이 생각하는 철학의 고유한 임무가 무엇인지를 명확히 설명한다. "철학은 어떤 특수한 언어와 규칙을 체험된 경험 내부의 근원적이고 기본적으로 순수한 것과 대면시켜야 한다. 그리고 철학적 사유와 여타 과학적 영역의 사유 사이의 관계는 구체적인 관계지 결코 추상적이거나 특수한 관계가 아니다."

"철학을 하는 것"의 어려움은 과학이나 기술 혹은 더 일반적으로는 모든 인간적 행위의 "언어"와 "특수한 규칙"에 침투해 들어가는 데에 있다. 이 침투는 외부로부터 논리적 형식 분석을 하기 위해서가 아니라 어떤 사유의 형식이 독특한 개체의 체험된 경험과 맺는 관계에 대한 판단을 내리기 위해 이루어진다. 이 경험 내부의 "근원적이고 기본적으로 순수한 것"은 그에 대해 문화적 구조와 개념적 동화가 항상 이차적인 것으로 남는 본질적 특성을 가리킨다. "체험된 경험" 내부에는 모든 인위적 정밀화에 앞서는 타고난 것, 즉 인간 존재가 자신이 포함된 환경에서부터 스스로 받아들인 환경과 벌이는 토론이 있다. 철학자가 계속해서 철학자로 남고자 한다면 이 태생적 상황을 결코 "망각"해서는 안 된다. 이는 이러저러한 "특별한 언어"의 대변인이 되지 말 것, 그리고 그것이 논리적일지라도 특정한 규칙을 추종하거나 전파하지 말 것을 전제한다. 철학을 한다는 것은 "체험된 경험 내부의 순수한 것"과 결부시켜 어떤 언어의 합법성과 어떤 규칙의 정당성을 따져 보는 것이다. 철학적 성찰을 결부시키면, "상이한 과학적 분야들"은 이 태생적 상황으로부터 벗어나지 않는다. 왜냐하면 철학은 각자의 "체험된 경험" 안에서 무엇보다도 먼저 이미 작용하고 있던 인간 사유의 형식을 분별해 내기 위해 어떤 분야에 관심을 기울이기 때문이다. 이것이 캉길렘이 철학에 대한 모든 인식론적 견해를 경계하는 이유이자,[7] 그가 적어도 한 번 이상은 말했듯 철학의 이름에 걸맞은 철학은 아무리 사유 방식이 불가피하게 전문화된다 해도 "대중적인"populaire 특성을 가져야만, 아니 보존해야만 한다고 생각했던 이유이다.

토론은 더 이어졌다. 알랭 바디우가 "총체성"이라는 용어를 부각시키자, 캉길렘은 다음과 같은 설명을 더했다. "총체성은 우리가 이를 발견하는 자연이나 우주 혹은 세계의 측에 속하지 않는다. **추정될 수 있을 뿐인** 어떤 총체성의 내부에서 여러 가치들이 서로 대면해야 한다는 것이 정확히 철학의 고유한 문제이다."

"철학적 추정"에 관한 이 주장은 캉길렘의 철학적 실천의 의미를 밝히는 데 결정적인 역할을 한다. 캉길렘은 "전문화된 언어와 규칙"이 지녔을 것으로 혹은 지지할 것으로 추정되는 가치들을 적발하기 위해 지난한 연구를 수행했다. 체험된 경험의 관점에서 본다면 이러한 언어와 규칙은 경험의 "근원적이고 기본적인 순수한" 측면을 축소시킬 위험이 있다.

캉길렘은 이미 『개론』[8]에서 진리와 철학의 임무에 관한 자신의 주장을 개진하고 설명한 바 있다. 여기서 진리는 "실재"를 규정하는 과학의 절차를 규범화하는 가치로 나타난다. 그에 상응하는

회의적 반응을 이끌어 냈던 모든 고대와 근대의 독단론은 진리라는 가치의 영향력을 "삶 전체"로 확장하고자 했다. "표상과 행위의 완벽한 통합을 실현시키려는"[9] 인간 정신의 성향에 따라 지식의 추구를 규제하는 진리라는 가치는 "스스로에게 다른 모든 가치를 부여"하고자 했다. 『개론』의 저자들은 "가치에 관한 진정한 문제는 과학적 진리를 넘어서 있다는 것을 알아본" 윌리엄 제임스(William James, 1842~1910)의 실용주의의 공적을 인정한다.

그렇지만 캉길렘은 제임스가 "동일하게 가치 있는 것으로 간주되어야 할 형이상학적이거나 종교적인 다양한 '경험들'의 권리를 모든 경험론에 함축된 다원주의를 통해[10] 복원할 의무"를 도출하지 않았다는 이유로 그를 비판한다.

캉길렘과 플라네는 독자들에게 경고한다. 어떤 위험천만한 혼란이 없고서야 우리가 진리를 가능한 유일한 가치이자 "확정적이고 절대적으로 지배적인 가치로, 결과적으로 **절대적으로** 실증적인 가치로" 만들지는 않을 것이다.

"19세기의 급진적인 과학주의"에 반하여 행위가 인식에 앞선다는 사실을 인정해야 한다. 행위는 "무모하게" 이해해야 할 것을 창조한다. 우리는 여기서 캉길렘이 1937년과 1938년에 쓴 기술에 관한 글에서 개진한 논제들을 더 일반화된 형식으로 재발견한다. 과학은 보완적 기능만을 가질 뿐이다. 과학적 연구는 "환원적"[11]이며 창조적 능력의 실패에 의해서 야기된다. 과학적 연구는 이 실패로부터 위험을 예측하고자 한다.

　이로부터 캉길렘을 인식론자로만 보려는 이들을 놀라게 할 주장이 등장한다. "과학의 가치는 전적으로 제한적이며 거의 부정적이다. 이 가치는 신중함의 가치이자 대비하기 위한 정확한 체계라는 가치이다. 이 체계는 너무나도 귀중한 나머지(한없이 그래야만 한다) 스스로는 그 무엇도 야기하지 못한다."

　이제 "과학으로부터 예측이, 예측으로부터 행동이 도출된다"는 콩트의 격률은 인간의 창조성을 침해하고, 과학적 사유 자체를 빈곤하게 만든다는 이유로 거부된다.

　캉길렘은 행위action라는 주제로 1966~1967년 동안 소르본에서 행한 강의를[12] 콩트가 자명하다고 여겼던 "행위의 지식에 대한 종속 관계"에 대해 문제를 제기하는 것으로 시작했다. 『비극의 기원』L'Origine de la tragéide ou hellénisme et pessimisme(1871)에서 소크라테스를 "당시까지 알려진 바 없었던 인간형, 즉 이론적 인간형의 모범"으로 소개하는 니체를 참조하여 캉길렘은 다음과 같이 말한다. "소크라테스적 인간은 합리주의적 인간이자 진보, 즉 존재의 탈자연화를 계몽의 능력에 정초하는 인간이다." 이러한 유형의 인물과 햄릿과 같은 디오니소스적 인간이 짝을 이루는데, 왜냐하면 이 두 유형의 인간 모두 다음과 같은 요점을 이해하고 있기 때문이다. "지식은 행위를 말살한다. 지식을 위해서는 환상이라는 신기루가 필요하다."[13] 캉길렘은 계획이나 약속과 같은 행동의 가능 조건이 무지라고 생각했던 발레리[14]와 니체를 연결시킨다. 그러나 이는 환상이나 무지가 차후의 성공과 효율을 보장한다는 의미는 아니다. 실패로부터 지식의 과오에 대한 의식이 생겨나며 이 의식으로부터 환상이 무지라는 이해가 생겨난다. 이로부터 "행위의 실패로 얻은 환상에 대한 의식이 비-지식에 대한 의식이기를, 즉 실패에 의해 야기된 지식의 점유이거나 아니면 적어도 이러한 점유의 전조라도 되기를" 바라는 인식에 관한 주장이 도출된다. 달리 말해, 만약 지식에 대한 의식이 수정된 환상에 대한 의식이라면, "인식의 진보의 조건 중 하나는 […] 착수되었던 시점에 어떤 효과를 내기 위해 행위에 포함되어 있었어야 했을 참된 인식과 관련된 것의 작용에 의한 예견이자 추월이다".

이상이 캉길렘의 텍스트에서 전형적인 "인식 이론"théorie de la connaissance을 찾아볼 수 없는 이유이다. 진리의 토대를 찾는 것은 행위를 지식에 종속시키려는 철학의 범위에서만 유의미할 뿐이다. 캉길렘은 이를 거부한다.

캉길렘은 이와는 대조적으로 지식을 행위에 필수적인 초기 환상의 교정에 의한 진보로 규정하면서 이 환상이 형성되는 조건을 주의 깊게 살펴본다.

이 점에 관하여 캉길렘은 1931년 재출판되기 시작한 『자유단상』에서 그가 경의를 표했던 라뇨의 사후에 출판된 그의 『강의록』Célèbres Leçons[15]을 결코 잊지 않았다. 캉길렘은 1971년 장 이폴리트에 대한 헌사를 썼는데[16] 이 글은 그의 여러 글 중에서도 특히 난해하다. 여기서 캉길렘은 라뇨가 알랭에게 일러주었던 부러진 막대기라는 플라톤적 예시를 다시 언급한다. "라퐁텐처럼 '물이 막대기를 굴절시키면 내 이성은 막대기를 곧게 편다'고 말해야 할까? 아니면 내 이성이 균열을 통해 부러진 막대기를 권리적으로 확인한다고 말해야 할까?"

보여지는 실재와 굴절에 의해 다시 보여지는 실재, 두 가지 실재가 있다. 판단은 둘로 나뉜다. 내가 취한 관점과 불가분적인 "나의" 판단과 실재를 주장하는 비개인적 판단. 환상, 즉 최초의 추정은 "오류"로 드러나지만 진정으로 확고한 것은 바로 이 오류이다. 그것이 "실제로는" 그렇지 않다는 것을 알고 있다고 할지라도 나는 항상 부러진 막대기를 볼 것이다. 바슐라르의 용어를 빌려 말하자면 "실재는 판단을 수정하는 중에 재인식된다".

데카르트와 스피노자의 유명한 해석가였던 라뇨[17]처럼 알랭도 오류의 조건을 인체 생리학, 특히 욕구의 문제에 관한 생리학에서 찾고자 했다. 『관념과 시대』*Les idées et les Âges*[18]의 첫 페이지부터 알랭은 수면에 관한 생리학과 우리의 밤을 채우는 "허위 지각"에 대한 성찰에 몰두한다. 그는 다음과 같이 결론짓는다. "가장 환상적인 꿈조차도 일단은 고유한 신체라는 실제적 대상을 갖는다." 공포라는 근본적이고 환원 불가능한 감정을 분석할 때에도 마찬가지이다. 알랭은 공포를 그에 수반하는 신체적 현상의 측면에서 분석한다. "호흡이 가빠지고 비명을 지르며 중언부언한다. 이는 신경이 심장과 호흡 모두를 조절하기에 근육의 위험 신호가 흉부와 경부의 근육을 수축, 혹은 경련 상태로 쉽게 이끌 수 있다는 사실을 모르더라도 확인할 수 있는 사항이다."[19] 이에 더해 "동요의 산물인 독소와 마취물질을 포함한 혈류에 침습된"[20] 뇌의 감정 상태도 고려해야 한다. 생리학에 대한 인용에 있어서는 매우 부정확하지만 그 내용만은 기발한 이 글을 통해 우리는 캉길렘이 스승의 주장을 검토하기 위해 의학에 천착했다는 사실을 알 수 있다.[21] 캉길렘은 당대의 생리학 연구에서 인간 심리학의 생리학적 토대에 대한 지식을 찾아낸다. 캉길렘이 빈번히 인용하는 골드슈타인의 책[22] 『유기체의 구조』La Structure de l'organisme(1934)가 이러한 지식에 해당한다. 모리스 메를로-퐁티의 『행동의 구조』La Structure du comportement(1942)에 영감을 준 이 저작으로부터 캉길렘은 생명체와 그 환경 사이의 관계에 대한 자신의 근본적 견해를 도출한다. 캉길렘에 따르면 "유기체는 세계에서 적합한 환경을 발견한 경우에만 존재할 수 있으므로 환경(Umwelt)은 유기체의 존재에 따라 세계로부터 오려져 나온다". 또한 캉길렘은 움게붕Umgebung(일반적 지리 환경)과 움벨트Umwelt(어떤 유기체에 고유한 행동의 환경) 그리고 벨트Welt(과학에 있어 우주) 사이의 구분을 수용한다. "움벨트는 움게붕으로부터 즉 지리적 환경으로부터 선별적으로 추출된 것이다." 동물의 움벨트는 "본질적으로 생명체를 구성하는 생명적 가치들의 주체"[23]를 중심에 둔 환경이다. 이로부터 캉길렘이 전적으로 동의하는 골드슈타인의 정식이 도출된다. "유기체의 의미는 그 존재다." 캉길렘은 이 정식을 자신의 철학적 관심사에 맞춰 변주한다. "유기체의 존재는 그 의미다." 생명체에게 고유한 것은 자신의 환경을 스스로 구성한다는 것이다. "산다는 것은 빛을 방사하는 것, 준거의 중심으로부터 환경을 유기적으로 구성하는 것이다. 이 준거의 중심은 그 고유한 의미를 잃었을 때에만 지시 대상이 될 수 있다."

캉길렘은 이 일반적인 철학적 주장을 통하여 동물 행동학과 당시 막 등장했던 동물 심리학, 그리고 이제껏 부당하게 무시되어 온 신경 생리학 저작으로부터 인용한 구체적 연구 결과에 힘을 실어 주고자 하였다. 자콥 폰 윅스킬(Jacob von Uexküll, 1864~1944)의 연구는 인간 행동학으로의 길을 열었다.[24] 동물 심리학에 있어서 캉길렘은 이냐스 메이에르송(Ignace Meyerson, 1888~1983)이 파스퇴르 연구소에 모아 둔 풍부한 실험 설비를 통하여 다음의 사실을 입증한 폴 기욤(Paul Guillaume, 1878~1962)을 거론한다. 기욤에 따르면 형태의 "분리"는 "동물과 인간에서 동일한 경로를 따라 이루어지지 않는다. 우리에게 속한 모든 것이 항상 동물들에 속하지 않으며, 우리가 지각할 수 있는 모든 관계, 모든 상이 필연적으로 동물들에게도 지각 가능하지는 않다".[25]

이로부터 『생명의 인식』에 재수록 된 세브르 국제교육센터에서 1951년 했던 발표를 끝맺는 격언이 도출된다. "고슴도치는 그 자체로 길을 건너는 것이 아니다." 왜냐하면 "도로는 인간 기술의 산물로 인간 환경의 한 요소이지만, 고슴도치에게는 아무런 생물학적 가치가" 없기 때문이다.

동물 실험에 있어 가장 명심해야 할 이 관점의 전환에 근거하여 캉길렘은 다음과 같이 말한다. "거꾸로 인간이 만든 도로가 고슴도치의 환경, 즉 그들의 사냥터이자 그들이 사랑을 나누는 극장을 가로지르는 것이다. 마찬가지로 도로는 토끼나 사자, 혹은 잠자리의 환경도 가로지른다." 동시대 많은 생물학자의 "과도한 데카르트주의"에 반하여, 캉길렘은 생을 이해하려는 학자에게 필수적인 "생물학적 의미"를 변호한다. 생물학자들이 바라든 바라지 않든 간에 생물학에서는 "지식 대상의, 그 본성에 대한 지식 구성으로의 회귀"가 일어난다. 이것이 "생물학의 역설"이다.

이 역설을 설명하면서 캉길렘은 지금은 잊힌 카탈루냐 생리학자 라몽 투로(Ramón Turró, 1854~1926)의 굶주림에 관한 연구에 주의를 기울인다. 자신의 저서 『지식의 기원』*Les Origines de la connaissance*[26]에서, 투로는 "나는 배고프다"라는 진술을 분석하여 그 의미가 수천 개의 특수한 "작은 허기들"로 구성된 "총괄적 감각"이라고 주장한다. 라이프니츠 식으로 말하자면, 이 주장은 즉각 비의식적 지각과 의식적 지각의 관계에 대한 질문을 야기한다. 캉길렘은 "영양 감수성"을 통한 섭식 대상의 본능적 선택에 대한 투로의 연구 또한 참고한다. "영양 감수성"은 저 물질을 섭취하면 내적 환경의 조성을 회복할 수 있으리라 판단하는 유기체의 무의식적 "인식"이다. 이 "인식"은 "심리적 생에 가장 중요한 것"으로 제시된 원시적 유추("영양 유추")에 근거한다. 이 인식이 "무엇이 우리의 실질적 결손을 메꿔 줄 수 있으며, 무엇이 그렇지 못할지를 알려주는 경험"을 구성한다. "인간도 동물처럼 영양분이 될 만한 물체가 무엇인지를 안다. 만약 의식이 감각을 통해 이를 알아내는 방법을 배우지 않았더라면 우리가 이 특성을 어떤 물체에 결코 부여할 수 없었을 것은 자명하다. 그러나 주어진 영양물을 통해 섭식 욕구가 해소될 것임을 알려주는 단서가 감각에 의해 주어지지 않는다는 것 또한 자명하다…."[27]

이것이 알랭이 지각에 대한 수업과 글에서 제시하였던 일반 생리학적 증거를 수정하고 더 멀리까지 나아가게 한 결과이다.[28] 캉길렘이 보기에 지식을 구성하는 정정될 환상은 생리학의 연구 대상이며, 인간 행위의 필수적 형식인 인간이 환경과 벌이는 토론에 뿌리내리고 있다. 이 토론이 촉발되기 위해 필요한 것은 요소적 감각이 아니라 욕구다. 그리고 욕구는 생리학적 사유의 한 범주이다. 루이 부누르[29]는 "욕구가 특정한 조절에 대한 충동이며 이 조절을 요청하는 생리학적 상태에서 기원한다는 것을 알기는 쉽다"고 쓰고 이로부터 다음과 같이 결론을 내린다. "일반적으로 동물의 행동은 욕구를 충족시키고자 하는 조절이 외재화된 과정일 뿐이다.”

다시 한 번 말하지만, 캉길렘의 관심사는 가치의 총체와 가치들 사이의 위계에 관한 문제였지 심리-생리학적 문제 자체가 아니었다. 특히 중요한 문제는 진리라는 가치와 다른 인간적 가치들이 공통적으로 생명에 뿌리내리고 있다는 사실을 고려하면서 전자가 후자에 대해 어떤 위치를 점하는지를 아는 것이었다. 어떻게 자신의 자율성에 대한 문제 제기를 그만둘 수도 있는 인간 생명체의 특수성을 밝힌 “프랑스의 지각학파”(라뇨, 알랭…)의 “책으로부터 얻은” 관점에 실험적 지식을 “덧붙일” 수 있을까? 캉길렘은 장 노게(Jean Nogué, 1898~1940)의 저작에서 이 방법을 모색한다. 노게의 저서 『감각 가능한 것들의 의미』*La Signification du sensible*[30]에는 사랑의 욕망을 예로 들자면 “욕구가 자리 잡고 있는 사람보다 선행하는” 욕구의 “대상”에 대해 그가 맨느 드 비랑(Maine de Biran, 1766~1824)과 벌였던 긴 논쟁이 실려 있다. “모든 욕구는 […] 어떤 대상과 관계되며, 따라서 항상 무엇에 대한 욕구이다. 그러나 이 무언가가 없을 때 우리는 이로부터 분리된다. 욕구는 이 무언가의 부재에 대한 의식이자 이 부재가 우리에게 남긴 공허감에 대한 의식이다.”[31] 그러나 캉길렘이 가장 중요하게 참조했던 인물은 심리학자들 사이에서 오랫동안 권위를 인정받아 온 『일반 생리학 입문』*Traité de physiologie générale*[32]의 저자 모리스 프라딘느(Maurice Pardines, 1874~1958)였다. 1950년대 말 푸코는 프라딘느에 대해 다음과 같이 썼다.[33] "프랑스뿐만 아니라 전 세계의 심리학에 프라딘느가 한 공헌은 사상사 최초로 진정한 발생론적 방법론, 즉 **정신의 역사**를 창시했다는 것이다. 프라딘느만이 유일하게 선대 학자 모두가 시도한 구조에 근거한 설명이 아닌 **발생에 근거한 설명**을 완벽하게 제시해 냈다." 사실 프라딘느는 정신 현상을 생물학적 측면도 있지만 근본적으로는 정신적인 구조를 나타나게 하는 생명 시스템으로 제시하고, 이성을 행위의 산물로 간주한다. 캉길렘은 분명 이 같은 유물론적 유심론에 동의하지 않았지만, 적어도 인간적 가치가 생에 뿌리내리고 있으며 이 가치들이 판단의 자유를 입증한다고 주장했다는 점에서는 프라딘느의 공로를 인정한다.

철학에 대한 캉길렘의 생각은 그가 1947년 프리드만의 저작 『산업적 기계주의의 인간적 문제』*Problèmes humains du machinisme industriel*[34]에 찬사를 보내며 제시했던 논증에 가장 요약적으로 나타난다. "주체는 통상 철학자들의 시선을 끌지 못했다. 철학자들은 주체를 전문가들에게 맡겨 버린다. 프리드만의 가장 큰 공로는 가능한 모든 전문적 관점들(역학적, 생물학적, 심리학적, 사회학적)을 결합하고, 인본주의적 철학에 필연적으로 함축되는 윤리적 염려에 부합하도록 이 관점 각각을 다른 관점들, 그리고 관점 전체와 상호 대조함으로써 모든 관점을 조망하고 이에 대해 판단을 내린 데 있다." 앞서 다뤄진 모든 내용이 여기 담겨 있다. "전문적"

언어들에 대한 끈질긴 조사, 이 언어들의 대조가 이루어지는 추정된 총체성, 마지막으로 인간에 대한 특정한 관념에 근거하여 이 언어들에 대해 내려지는 판단. 이는 두 가지 유사한 환상, 즉 과학주의적 환상과 기술주의적 환상에 대한 거부를 함축한다. 과학주의적 환상은 지식의 진보로부터 모든 인간적 진보를 연역하고, 전자를 통해 후자를 이끌어 갈 수 있다고 주장한다. 기술주의적 환상은 "전방위적 합리화를 통해 이룩되는, 일의적으로 이해된 기계와 노동력 활용 효율의 진보"로부터 모든 사회적 진보를 연역하고, 역시 전자를 통해 후자를 이끌어 갈 수 있다고 주장한다. 그리고 캉길렘은 오늘날에도 시사성이 돋보이는 용어를 사용하여 다음과 같이 결론짓는다. "프리드만의 연구가 지닌 철학적 이점은 경험을 수학화하는 방식에 예외 없이 보편적 특권을 부여하는 합리주의의 운명으로부터 강화하고 구축해 나가야 할 철학인 인본주의의 운명을 해방시켰다는 데에 있다."

모두 옳은 말이다. 인간은 생명체이기 때문에 유기적 신체에 의해 긍정적으로나 부정적으로 "극화되는" 생명적 가치를 구현하는 환경과의 토론을 이어 나간다. 식욕, 수면욕, 성욕과 같은 현상이 증명하듯 이 극화는 인간의 유기적 신체에서 때로는 의식적으로, 때로는 무의식적으로 작동한다. 그러나 기술적 진보를 통해 인간 존재는 이 극화에 대해 사유할 수 있는 능력을 얻었다. 인간 존재를 특징짓는 것은 환경에 의해 제기된 하나의 문제에 대해 여러 가지 해결책을 제시할 수 있다는 것이다. 인간 존재의 경우 "환경은 제한적이나마 어떤 해결책을 부과한다기보다는 제안한다". 이는 욕구만이 아니라 욕망 또한 지닌 존재이자, 이성을 지닌 존재인 인간이 기술과 가치의 창조자이기 때문이다. 인간은 순수 물리학적 환경은 알지 못한다. 인간은 상상을 통해 자신의 의지를 움직이고, 자신의 행위를 이끌며 스스로에게 가능한 것의 방향을 알려 주는 "바람직한 것"이 무엇일지를 떠올린다.

1947년, 캉길렘은 1945년 3월 부헨발트 강제수용소에서 죽은 알박스의 추모사를 해달라는 요청을 받았다.[35] 캉길렘은 이 추모사에서 자신이 사회적 사실을 표상과 동일시하는 동시에 사회적 사실을 사물처럼 다루고자 하는 "뒤르켐의 역설"을 철학적으로 넘어설 수 있게 해 준 것이 알박스였다고 회고했다. 만약 "과학의 특성이 주관적 종합을 해체하고 이 종합을 사물들로 이루어진 환경으로 대체하는 데" 있다면, 우리는 "그 집단적 특성을 인정한다 해도 사유의 고유성을 유지한 채로" 사유를 사물로 대체할 수 없다. 알박스는 『기억의 사회적 틀』*Les Cadres sociaux de la mémoire*[36] 에서 "동시에 현재와 과거"를 향하는 집단적 표상이란 존재하지 않음을 증명함으로써 사회학에 "새로운 관점"을 도입할 수 있었다. 이렇게 철학적 성찰을 통해 사회적, 개체적, 개인적 현상들에 담긴 인간적 함의가 사회학으로 귀환한다. 여기서 캉길렘은 일반적 층위에서 윤리적-인식론적 고찰을 제시한다. "어떤 사회학자들은 때때로 인간을 그 법칙만 알려진다면 외부에서 기술할 수 있는 기제mécanisme로 다루려는 유혹에서 벗어나지 못한다. 알박스는 달랐다. 라이프니츠의 사유에 익숙했던 그는 개별성의 가치에, 혹은 그 실재성에 담긴 의미를 기억하고 있었을 것이다."

1955년[37] 캉길렘은 "유기체 내부의 조절과 사회 내부의 조절" 사이의 관계에 대한 질문을 제기한다. 캉길렘은 사회를 유기체에 동일시하는, 혹은 반대로 유기체를 사회에 동일시하는 사유의 기나긴 역사를 추적해 올라간다. 이를 통해 그는 유기체와 사회의 동일시에 영감을 준 것이 사회적 치료학에 대한 관념, 즉 사회적 해악에 대한 치료제가 있을 것이라는 관념이라고 결론 내린다. 캉길렘은 "자신의 실존과 자신의 이상 사이에, 혹은 자신의 실존과 자신의 규칙 혹은 규범 사이에 엄밀히 말해 차이가 없다는 점에서" 유기적 신체가 지극히 이례적인 존재 양상이라고 주장하며 이 관념에 반대한다. "유기체의 존재는 그 의미다"라는 언명을 떠올려 보자. 그런데 사회라는 존재에서는 전혀 다른 일이 벌어진다. "사회의 혼란, 사회의 문제는 유기체의 경우와는 전적으로 다른 해악과 개선 사이의 관계가 드러나게 한다. 왜냐하면 사회의 경우 사람들은 그 이상적인 상태가 무엇일지, 그 규범이 무엇일지에 대해 논의하기 때문이다." 사회의 목적은 인류에게 중요한 문제 중 하나이다.

캉길렘은 사회가 유기체Organisme가 아니라 유기화Organisation라고 주장한다. 사회는 고유한 목적성을 지니지 않는다. "사회는 하나의 수단이다. 사회는 기계 혹은 도구의 질서를 따르지 유기체의 질서를 따르지 않는다."

이것이 미국 생리학자 월터 브래드포드 캐넌(Walter Bradford Cannon, 1871~1945)이 말한 "몸의 지혜"[38]에 상응하는 "사회적 지혜"가 없는 이유이다. 자가 조절이 없기 때문에 자연 발생적인 사회 정의는 없다. "위기"는 사회의 정상 상태를 드러나게 한다. 여기서 캉길렘은 베르스손에게 의뢰하여 『도덕과 종교의 두 원천』 *Deux sources de la morale et de la religion*(1932)의 영웅을 요청한다.

1974년 『백과사전』*Encyclopædia Universalis*의 "조절(인식론)"Régulation(épistémologie)이라는 항목에서 캉길렘은 새로운 관점에서 이 질문을 다시 던진다. 캉길렘은 본인의 방식대로 18세기 이래 의미 요소가 형성되고 변형되어 온 조절 개념의 역사를 기술(시계 제작), 물리학(천체 물리학), 생리학(라부아지에) 영역을 넘나들며 추적해 간다. 이로부터 그는 사회적 현상에 대해 사유하기 위해 이 개념이 정치경제학에 도입된 과정에 대한 질문을 제기한다. 그는 생물학적 유기체와 사회적 조직화를 구분하는, 아니 대립시키는 것이 무엇인지 강조한다. 전자의 관점에서 후자는 "항상 진행 중인 시도, 항상 미완인 기획을 나타낸다". 신체적 욕구의 즉각적 인과성에 마주칠 때, 사람들은 "욕구가 요구 사항에 대한 표상, 의견, 계획에 의해 간접적으로 표출되는" 사회에 신체적 욕구에 해당하는 것이 없다는 사실을 확인한다. 이로부터 출발하여 우리는 프랑수아 페루(François Perroux, 1903~1987) 같은 경제학자처럼 "여론 조사 기관, 통계청, 의사결정 기관"을 통해 이러저러한 형식으로 어떤 구상이 다듬어지기를 바랄 수도 있다.

사회학자들이 이 새로운 "탐지 기관들"을 통해 현대 사회의 욕구를 더 잘 알 수 있을지도 모른다. "그러나 조절되고 있는 사회가 어떠해야 하는지에 대해 개인이 가지고 있거나 수용하는 관념은 사회적 사실 자체에 내재되어 있다. 인간 사회는 실재 판단과 가치 판단을 할 수 있는 사유하는 존재들의 사회이다. 실재는 유일하지만 가치는 다수다."

1968년 이후에 쓰인 이 글의 결론에는 직접적인 정치적 함의가 담겨 있다. 현대 사회가 "지위 고하나 빈부 격차를 철폐하지 못한" 반면 "원시적" 사회에서는 공동생활이 "평등한 일체감을 얻기 위한 속죄 제례"에 의해 조절되었다는 클로드 레비-스트로스의 주장을 인용하며, 캉길렘은 "최근에 나타난 서구 사회의 청년에게 공통된 몇몇 반발 방식"이 "자가 조절을 추구하는 서구 사회의 실패 조서"에 기입될 서명은 아닌지 반문한다. 뒤이어 그는 다소 빈정거리며 설득력 있는 하나의 가설을 제시한다. "청년 단체의 몇몇 생활양식은 시원성으로의 회귀와 향수에 찬 혁명을 통해 낡아빠진 사회 기계가 상실한 조절 작용을 되찾고자 하는 결심의 표출일지도 모른다."

1980년 12월 학문적 책임을 위한 포괄 운동(Mouvement universel pour la résponsabilité scientifique, MURS)의 초청을 받아 소르본 대강당에서 했던 강의에서만큼이나 캉길렘이 본인의 윤리를 깊이 설명한 경우는 아마도 없을 것이다.[39] 이 강연의 주제는 "뇌와 사유"Le cerveau et la Pensée였다. 여기서 캉길렘은 이제껏 자신의 분석과 태도를 이끌어 온 인간에 대한 관념을 역설함으로써 자신의 사유 전반을 조망한다. 그는 청중에게 "혹자가 바라는 대로 우리를 생각하게 만들려는 은밀하거나 공공연한 모든 선동에 저항할 것을" 권고한다. 여기서 "혹자"는 모든 정치적, 기술-경제적 "권력"pouvior을 지시한다. 캉길렘은 최초의 뇌 기능 국재화 이론인 프란츠 조셉 골(Franz Joseph Gall, 1757~1828)의 골상학[40]과 갈바닉 전류나 패러데이 전류와 같은 19세기 후반에 등장한 새로운 뇌 연구 기술에 힘입은 실험 신경학에 대한 검토로 강의를 시작한다. 프랑스에서는 이폴리트 텐느(Hippolye Taine, 1828~1893)와 테오뒬 리보가 이러한 연구로부터 심리학이 "생리학의 그림자에 지나지 않는다"는 결론을 도출했다. 피에르 자네(Pierre Janet, 1859~1947)는 이 같은 흐름에 저항했다. "사람들이 심리학을 뇌에 대한 연구에 너무 과하게 결부시키고 있다. […] 우리가 생각이라고 부르는 것, 우리가 심리학적 현상들이라 부르는 것은 총괄적 행동이며 하나의 전체로 이해된 개인이다. 따라서 우리는 뇌뿐만 아니라 손으로도 사유하며, 위로도 사유하고, 모든 것으로 사유한다. 이것들을 하나하나 나누어서는 안 된다."[41]

　"신경심리학"의 역사는 오늘날에도 계속되고 있다. 더 나아가 캉길렘은 사람들이 부적절하게 "지성을 갖춘 기계"나 "인공 뇌"라고 소개하는 기계들의 발전에 따라 마음에 대한 신경심리학의 영향력이 강화되고 있다는 사실을 지적한다. 캉길렘은 이러한 연구들이 내거는 "인간의 뇌를 넘어서고" 뇌를 어떤 발명품으로 대체하겠다는 야망에 반대한다. "논리의 공백을 의식하지 않고, 가능한 것을 향해 노력하지 않으며, 실패할 위험을 감수하지 않는다면 발명도 없다. […] 발명한다는 것은 정보를 창조하고, 사유의 습관과 지식의 정적 상태를 뒤흔드는 것이다."[42] 그로부터 "생각이 나타나는" 논리 로봇은 불가능할까? "이해력을 높이는 알약"은 어떨까? 뉴턴과 푸앙카레를 다시 읽어 보라. 인간의 사유는 의미의 영역에서만 이해될 수 있다. 인간의 언어는 이를테면 "말하는 것이다. 이는 의미하는 것이자, 듣게 하는 것이다. 왜냐하면 사유하는 것이 의미 안에서 사는 것이기 때문이다". 정확히 이러한 의미에서[43] "의미는 무엇들 사이의 관계가 아니라 무엇에 대한 관계이다". 소위 지성을 갖췄다는 기계들은 "주어진 것들 사이에 관계를 확립한다. 그러나 이 기계가 주어진 것들 사이의 관계로부터 사용자가 지정한 것에 대한 관계를 확립하기는 이론적으로 불가능하다." 캉길렘은 자신의 철학적 화두 중 하나를 재발견한다. 인간 존재에게 사유한다는 것은 "세계에 현전하는 자의식"을 전제한다. 캉길렘은 어휘를 조정한다. "이 자의식은 **자아**라는 주체에 관한 표상이 아니라 요구인데, 왜냐하면 그 현전이 감시, 더 정확히 말해 경계이기 때문이다." 이 윤리는 데카르트와 스피노자가 벌이는 논쟁의 틀 안에서 이해될 수 있다. 이 논쟁은 스피노자에게 유리하게 진행된다. 왜냐하면 스피노자가 네덜란드 공화국 총독 얀 데 비트(Jean de Witt, 1625~1672)의 암살을 계기로 본인의 『윤리학』*Éthique*에 담긴 결정론적 기하주의를 위반하면서까지 자유로운 사유의 권리를 수호함으로써 데카르트적 유보에 반하여 "현전-경계라는 주관적 기능"을 표출한 바 있기 때문이다.

결론에서 유보가 전형적인 도덕적 자질이라 찬미할 때 캉길렘은 본인을 염두에 두고 있었을지도 모른다. 필요할 경우를 위해 탈출의 가능 조건을 보존하고자 하는 자아의 유보에 대한 수호라는 철학의 임무는 전적으로 비판적인 것으로 나타난다. 신경생리학의 경우, 철학은 "사유로부터 그 최종적 유보 권한을 빼앗고자 하는" 뇌에 관한 모든 기이한 허구로부터 자아를 보호한다.

이 윤리의 마지막 부분은 재서술될 만한 가치가 있다. "철학적 유보는 숨겨진 것도, 신성한 것도 아니다. 철학적 유보는 충동의 감시자이다. 수긍, 찬성의 중단은 후퇴도, 회피도 아니다."

5장   철학을 가르친다는 것. 교육철학

"예컨대 우리는 상황이 절망적이라는 사실을, 그리고 그럼에도 불구하고
이를 타개하기 위해 결단을 내려야 한다는 사실을 납득할 수 있어야 한다."
—— 프란시스 스콧 피츠제럴드(1896~1940).[1]

캉길렘은 철학 연구가 "교육 제도"에서 특별한 위치를 차지하는
프랑스에서 철학 교육이 어떤 역할을 맡는지에 대해 끊임없이 질
문을 던져 왔다. 이는 교육과 교육법의 본질에 대한 성찰로 이어
진다. 본인이 냉소하던 권력욕이나 학계에서의 명예를 위해 자신
의 직무를 행한 바가 없었던 만큼,[2] 캉길렘은 자신의 철학에 입각
하여, 개인적으로 무거운 책임을 감수하게 되는 행위와 철학 교
육에 대한 성찰을 결코 분리하지 않았다. 캉길렘은 개인적, 집단
적 삶 속에서 불안정하고 위태로우나마 어떤 자유로운 상태를 확
보하고자 하는 인간 존재의 노력이 올바르게 교육된 철학에 달려
있다는 신념을 가지고 있었다. 우리는 이러한 고찰이 드러나는 캉
길렘이 1930년대 초 고등학교에서 교육을 막 시작했을 당시 썼던
글, 그가 하셰트 출판사에서 "철학적 글과 참고문헌" 총서를 담당

했던 1948년에서 1955년 동안 교육부 총감으로서 썼던 글, 마지막으로 급선무였던 업무들과 무관하게 그의 자유로운 성찰을 보여 주는 글을 살펴볼 것이다.

1930년 교수자격시험 통과자였던 젊은 캉길렘에게 되돌아가 보도록 하자. 1930년 2월에서 5월까지, 캉길렘은 바칼로레아 철학 시험에 관한 3편의 글을 썼다. 이 중 가장 마지막 글에서 캉길렘은 그르노블 교육부가 1929년 7월에 제시한 바칼로레아 시험 주제 "수학적 확실성과 실험적 확실성"에 대해 논평한다.[3]

교사로 부임한 지 얼마 되지 않았을 때부터 캉길렘은 바칼로레아 시험 주제 대다수에 함축되어 있는 철학 교육에 관한 통념에 반감을 표출했다. 캉길렘은 이 통념을 체계적으로 검토하고 여기에 본인의 견해를 대비시켰다. 캉길렘은 『자유 단상』(1930년 2월 20일, 4월 20일)에서 1929년 7월과 10월에 이루어진 시험의 주제를 "검토"하고 본인의 판단을 제시한다. "우리는 철학 과목에 있어서만큼은 수험생의 부족함이 제시된 주제의 성격과 관련된 것일 수 있다." 캉길렘은 툴루즈에서 수험생들이 "범신론의 중심 논제를 정리하고 가능하다면 비판"하라는 주제와 "실증주의와 실용주의" 혹은 "관념론의 다양한 형태들"에 관한 주제를 제시받았다는 사실을 언급한다. 캉길렘은 분개하며 이 주제들이 "정말이지 최악"이라고 평가한다. 이러한 학설들에 관해 "학생이 어떻게 20줄 이상의 사고력을 요하는 글을 쓸 수 있을 것이라고 기대할 수 있는가?" 그리고 이게 대체 무슨 소용인가? "철학적 정신에 대해 완전히 닫혀 있지" 않은 이상에야 이러한 주제를 제시할 수 있을 리 없다. "바칼로레아 논술시험에 적합한 진정으로 철학적인 주제"는 어떤 학설이 아니라 문제에 관한 것이어야 한다. 왜냐하면 철학이 "이상하게도 해결책이 아니라 문제들로 이루어져" 있기 때문이다. 좋은 주제의 예시들은 다음과 같다. "판단에 있어 의지의 역할은 무엇인가?"(클레르몽, 1929년 10월), "감정이란 무엇인가?"(디종, 1929년 10월). 1937년 당시 툴루즈 고등학교의 수험반 학생이었던 자크 피크말의 증언을 통해,[4] 우리는 캉길렘이 본인의 수업에서 학생들에게 어떤 주제를 제시했었는지 알 수 있다. "당신에게 당신은 무엇인가? 당신은 당신에 대해 무엇을 알고, 이를 어떻게 아는가?" 혹은 "영혼을 가진다는 것은 무엇인가? 신체를 가진다는 것은 무엇인가?"

 "주요 저자들의 글에 대한 독해"뿐만 아니라 학습에 뒤따르는 학생 개인의 성찰에도 근거하는 올바른 철학 교육은 학생에게 "철학을 공부해야 하는 이유가 교사가 시험을 위한 수업에 본인을 참여시키는 것을 만족스러워하기 때문이 아니라, 철학이 일상적 사유와 행동에 연관되어 있기 때문에, 즉 본인이 아담이나 여우원숭이보다는 소크라테스나 데카르트의 후예이기 때문"이라는 사실을 일깨워 준다. 캉길렘에 따르면 이 같은 교육은 중고등학교에서만 이뤄질 수 있다. 문학에서처럼 철학에서도 고등교육은 "대체로 지식의 나열 이상이 되지 못하며 전문적 학설에 대한 학술적 검토에 그칠 수밖에 없기" 때문이다.

캉길렘은 예의 격정적인 어조로 라뇨와 알랭의 견해와 기조에 따라 기존의 교과서들에 나타나는 주장을 비판한다.[5]

바칼로레아 시험에 대한 신랄한 비판을 통해 캉길렘이 중고등학교에서 수행되어야 한다고 생각했던 교육의 청사진을 그려볼 수 있다. 이 교육은 학생들을 철학적 성찰 자체에 접근시키기 위해 최대한의 노력을 기울여야 한다. 캉길렘은 한 반에 학생 수가 많고, 열심히 가르친다 해도 적어도 2년은 소요될 교육과정의 압박을 받는 중이라면 이러한 교육이 말 그대로 교사의 "초인적인" 노력을 요구할 것이라는 사실을 지적한다.

1932년 캉길렘은 철학 교수 자격시험에 관한 글에서 이 질문들을 재차 제기한다. 그의 논조는 성가심으로부터 분노, 규탄으로 고조되어 간다.[6] 어쨌든 간에 캉길렘은 이 시험을 치렀던 장본인으로서 뒤이어 치러질 시험들에 관한 평을 남기는 것이 자신의 의무라고 생각했다. 첫 문장은 핵심을 찌른다. "모두가 노골적으로 '나만 아니라면 그만'이라고 말하지는 않겠지만 수험생들 중 대다수는 아마 자신들이 통과한 시험의 유효성을 비판하면 자신들에게 돌아올 이득이 줄어들 것이라 생각할 것이다."

캉길렘은 철학 교육과정에 포함된 저자 선정에 의문을 제기한다. 칸트? 데카르트? 이들은 사라진 지 오래이다! 그는 당대까지도 콩트, 헤겔, 니체 그리고 샤를 르누비에(Charles Renouvier, 1815~1903)가 교육과정에서 제외되어 있다는 사실을 놀라워하는 동시에 애석해 한다. 캉길렘은 교수 자격시험이 선별하고자 하는 교사의 직무에 부과되는 역설적 요구를 상기시킨다. "철학 교사는 본인이 참되고 독창적이라 생각하는 학설을 학생들에게 설명할지, 혹은 체계화된 일련의 질문들에 답할 수 있도록 학생들을 훈련시킬지 사이에서 선택해야 한다." 교수 자격시험이 "유일한 생각이라고는 봉급, 승진, 훈장에 대해서만 하고 있는 공무원을 채용하는" 시험인가? 철학 시험은 학생들을 "모든 외부적 법칙에 대해 낯선 자유로운 연구"로서의 철학에 접근시키는 것을 목표로 삼아야 한다. 자신의 학생들을 지키기 위해 교육부 관료와 분란을 일으키며 캉길렘은 사람들에게 "모든 전문화에 대한 대책으로서 판단의 가치를 가르쳐야 할 필요성을 제시하고" "이에 따르는 위험을 감수할" 것을 요구한다. 『논리와 도덕 개론』의 머리말에서 저자들은 이 같은 생각을 확장시킨다. "중요한 것은 학생들을 철학적 성찰에 다가가게 하는 것이다. 위대한 철학자에게서 우리가 확인할 수 있듯이 철학적 성찰은 연구로, 즉 결국엔 어떤 정보의 가치에 대한 평가와 외견상 대립하는 의견들에 대한 판단을 내릴 수 있게 하는 원리의 선택으로 이루어져 있다. 선택은 그 선택을 통해 가능해질 판단들 사이의 정합성에 의해, 그리고 이 선택이 정신에 보장하는 단일성unité에 의해 그 자체로 정당화된다." 철학

교육의 교육적 가치는 학생들에게 "이 단일성에 대한 취향"을 일깨워 주는 데 있다. 이로부터 "예시를 통해" 이러한 교육법의 가능성을 보이고자 한다던 개설서의 서술 체계가 도출된다. 캉길렘의 고등학교 수업에 관한 증언은 수업 방식에 있어서는 유연하면서도, 국가가 부과한 교육과정의 핵심을 놓치지 않는 교육적 혁신을 위해 그가 했던 구체적이고, 방법론적이며, 상세한 고민들을 보여준다. 소설가 조제 카바니스(José Cabanis, 1922~2000)는 1939년 툴루즈에서 자신의 선생님을 만났던 순간에 대한 아름다운 글을 남겼다.[8]

"학기 초에 캉길렘은 우리를 공포에 떨게 만들었습니다. 그는 최소한의 소음도, 방심도, 산만함도 용인하지 않았죠. 시간이 지나면서 세상에서 가장 포용력 있고, 세심한 인물이 우리 모두에게 나타나기 시작했습니다. 우리를 얼어붙게 만드는 날카로운 시선은 여전했지만 선생님은 우리가 완전한 자유 속에서 말할 수 있게 해 주었죠. 또한 매일같이 아주 사소한 주제에 관한 것일지라도 온갖 것을 누리며, 체험하고, 즐기는 지성적 장관을 보여 주셨습니다. 이 샘물을 마시며 저는 진정 취해 있었습니다."

카바니스보다 2년 앞서 캉길렘의 제자였던 피크말의 증언은 매 해 캉길렘이 수정하고 완성해 가던 교육적 방법론을 정확히 묘사하고 있다. 캉길렘은 노트 필기를 금지했으며 그가 직접 소리 내어 읽곤 하던 수업자료를 세심하게 분류하여 학생들에게 나눠

주었다. 하지만 그는 학생들에게 자신만의 순서에 따라 이 자료를 분류하고 본인이 판단하기에 적합한 다른 요소들(논문, 기사, 평론, 책의 한 페이지 등등)을 추가하길 권장했다.

피크말은 다음과 회상한다. "선생님은 철학에 있어서 — 왜냐하면 여기에 인간적 실존 전체가 결부되어 있으므로 — 유연하고, 포용적이며, 무한히 열려 있는 문헌 목록의 중요성을 강조하곤 하셨습니다. 저희는 고등학교를 마치고도 필요할 때면 선생님과 함께 만든 문헌 목록을 참고하곤 했죠."

1953년, "철학적 글과 참고문헌" 총서의 소개 글에서 캉길렘은 이 총서가 기본적으로는 수험생을 대상으로 구성되었지만 실제로는 그만큼이나 교사를 대상으로 한 것이기도 하다고 쓰고 있다. 우리는 여기서 교육총감이 교사들에게 개인적인 방식에 맞추어 철학 교육과정을 바꾸기를 권장하는 것을 목격한다. 캉길렘은 "프랑스의 교육 전통에서 철학적 문제를 다루는 교육과정의 목표가 이 문제를 검토하기 위하여 필수적으로 따라야만 하는 방식을 제시하는 데 있지 않다는" 사실을 상기시킨다. 그는 "교육과정의 변동에 대하여 철학이 갖는 독립성"을 강조한다. 중시되어야 하는 것은 "문제로서의 철학"이다. 명확히 정식화된 문제(예를 들면 "욕구와 경향"처럼)를 중심으로 철학사의 고전과 위대한 철학자의 성찰에 근거를 제공하였던 과학과 기술의 역사에 나타나는 참고문헌 사이를 왕래하는 총서의 구성 방식은[9] 이러한 생각에서 비롯된 것이다.

1990년 3월 10일, 캉길렘은 오랜 침묵을 마지막으로 깨고 장 카바이예스의 동지회(Société des Amis de Jean Cavaillès)[10]에서 "오늘날 프랑스에서 철학자란 무엇인가?"Quést-ce qu'un philosophe en France aujour'hui?라는 제목의 강연을 한다. 당시 새롭게 등장한 두 가지 철학자의 유형이 캉길렘에게 이 질문의 영감을 주었다. 한 유형은 언론에서 자신을 "철학자이자 작가" 혹은 "작가이자 철학자"[11]로 소개하는 유형이고, 다른 유형은 『기업은 영혼을 가지고 있는가?』Les entreprises ont-elles une âme?(1990)를 집필하고 스스로를 고등학교 교사이자 기업들을 위한 컨설팅 회사의 최고 경영자로 소개하여 책의 판매를 촉진한 알랭 에체고옌(Alain Etchegoyen)과 같은 유형이다. 캉길렘은 철학자-작가의 유형이 그저 저널리스트들이 지닌 작가로서 인정받고 싶은 욕구의 표출이지 않은지 의심을 표했으며, 그 연장 선상에서 줄리앙 그린(Julien Green, 1900~1998)의 다음과 같은 문장에 대해 반대 의사를 표한다. "집필은 정신의 절대적인 자유이며 자기 세계의 유일한 주인이 되는 것이다."[12] 어떤 철학자가 본인이 "세계의 주인"이라고 자처하겠는가? 젊은 시절 캉길렘이 철학적 글을 읽는 즐거움을 선사해 주었다는 이유로 알랭과 발레리에게 감사를 표하기는 했지만, 집필 작업이 아무리 고되다 할지라도 작가의 자유로운 창작을 위한 노력과 철학을 위한 노력은 동일시될 수 없다.

"기업의 영혼"의 저자인 "최고 경영자 철학자"에 대해, 캉길
렘은 프랑스에 이봉 벨라발(Yvon Belaval, 1908~1988)의 통찰력
덕분에 라이프니츠라는 대부를 발견할 수 있었던 알프레드 빅토
르 에스비나스(Alfred Victor Espinas, 1844~1922)로부터 조르주
프리드만을 거쳐 질베르 시몽동(Gilbert Simondon, 1924~1989),
프랑수아 다고네, 장-피에르 세리스(Jean-Pierre Séris, 1941~1994)
그리고 이브 슈바르츠까지 이르는 기술과 노동, 기업에 대한 성찰
의 전통이 있다는 사실을 주지시킨다.[13] "경영자와 노동조합, 사회
보장과 대외 경쟁에 대한 대중문화적 클리셰를 제쳐 두기만 하면,
기업이 솔선 행위이고, 위험을 감수하는 모험이자, 집단적 작업이
며 따라서 대립이 펼쳐지는 곳이라는 사실이 드러난다. 기업이 오
직 기술자나 경제학자만의 대상이 아니라 의무적으로 규칙에 종
속되어야만 하는 개인적이고 집단적인 과업과 행동이 일어나는
장소라는 점에서, 기업에 대해 비판적이고 규범적인, 따라서 진정
으로 철학적인 검토를 하는 것은 가능할뿐더러 중요한 일이다."

이러한 점을 구체적으로 입증하기 위해 교수들의 철학을 평
가 절하할 필요도 없을뿐더러, 철학자와 경영자를 혼동해야 할 이
유도 없다.

이상의 내용을 고려한다면 캉길렘이 철학 교육뿐만 아니라
우리가 교육 일반에 대해 가질 수 있는, 혹은 가져야만 하는 관념
에 대해서도 고찰했다는 것은 그리 놀랍지 않을 것이다. 그는 이

주제에 대해서도 거의 반세기 동안의 교육 경험에서 누차 주장했던 요구를 동일하게 제기한다.

1930년 7월 12일 샤를르빌 고등학교에서의 발표에서부터 이 점이 명확히 드러난다. 캉길렘은 자신이 이폴리트 텐느의 진영 한복판에서 발표를 하고 있다는 사실을 잊지 않았다. 그는 이 점을 명확히 하기 위해 다소 예의 없게도 『지성에 관하여』*De l'intelligence*(1870)의 저자의 이름을 생략하고 두 번 "당신들의 텐느"라는 표현을 사용했다. 모든 교육은 인간에 대한 어떤 관념을 목표로 두고 있다. 그런데 "인종도, 환경도, 시대도 인간을 정의하기에는 충분하지 않다." 프로타고라스와 고르기아스 그리고 칼리클레스가 본인들의 시대에, 본인들의 언어로 이를 시도했었다. 그리고 소크라테스는 이들의 진리를 말할 수 있었다. 이렇게 재구성된 인간에게 부족한 것은 오직 사유뿐이었다. "사실이 아니라 사유이고, 결과가 아니라 행동인 진리와 정의가 인간에게 동시에 결여되어 있었기 때문에, 우리에겐 이것이 하찮은 일이 아니었다고 판단할 권리가 있다."

그렇다면 교육은 삶 속에서 진리와 정의에 대하여 확신을 갖고 의사를 표현하는 것을 가능하게 할 자유로운 판단에 접근하기 위한 노력으로 정의될 수 있을 것이다. 교육자의 입장에서 노력은 "요구"exigence를 의미한다. "왜냐하면 내가 보기엔 우리가 관대함이라고 부르는 것에는 인간에 대한 무시가 담겨 있는 것처럼 보이기 때문이다." 캉길렘은 이 관대함에 모든 아이들의 "사유하는 존재로서의 인간성"을 함양하고, 이 인간성에 "자신의 운명을 스스로 결정하는 의무"가 함축되어 있음을 이해시키고자 하는 높은 야망을 대비시킨다.

1932년, 『자유 단상』에서 캉길렘은 알랭의 『교육론』*Propos sur l'éducation*의 출판을 축하한다.[14] 먼저 캉길렘은 과학적이고 진보적인 주장을 하는 심리학자들이나 기업 경영자들이 지닌 외부적 권력에 교육을 종속시키는 것에 대한 알랭의 단호한 거부를 수용한다. 이어 캉길렘은 모든 "전문가"가 지닌 "인간 행동을 규제할" 권리를 거부한다. 아이들에게 유년기 때부터 주의를 기울여야 하는데, 그 이유는 어른들이 만들어낸 유년기에 대한 이미지에 아이들을 가둬 두기 위함이 아니라 유년기가 "스스로를 넘어서려는 의지"이기 때문이다. 캉길렘은 이 점에 찬성한다. "교육의 목적은 환심을 사는 것이 아니라 [⋯] 양육하는 것이다." 캉길렘은 묻는다. 모든 미래와 함께 모든 충동을 빼앗음으로써 사유를 말살하는 교육자는 무엇인가? 캉길렘은 알랭의 제안의 세부 사항에 대해서는 의견을 표명하지는 않는다 ── 다만 알랭의 모토 "모두에게 문학을"에 대해 "안 될 건 무엇인가?"라고 말할 뿐이다. 그러나 캉길렘 본인 또한 학교가 "가족, 조국, 경제 등의 다른 어떤 관습에도 속하지 않는 그 자체로 완결된 독립적 기관"이기를 바란다. 그리고 그는 다음과 같이 결론 내린다. "학교의 목적은 모든 관습과 제도,

기관 위에 있는 인간을 길러 내는 것이자 인간이 모든 가치에 대해서 재판관이 될 수 있도록 예비하는 것이다."

약 50년 후에, 캉길렘은 귀스타프 모노(Gustave Monod, 1885~1968)의 삶과 경력을 그려 낸다.[15] 이는 캉길렘에게 1944년 이래로 꾸준하긴 했지만 통일성 없이 진행되어 온 교육 개혁에 대한 반성적 검토의 계기가 되었다. 해방기에 장 제가 교육부 장관일 때부터 맡고 있었던 중고등 교육감에 임명된 모노는 최초의 교육 개혁안 "클라스 누벨"Classe nouvelle을 제시한다. 캉길렘은 기탄없이 모노와 이 기획에 찬사를 보낸다. 캉길렘은 이 기획이 "아이들의 잠재성을 존중하기 위해 교육적 규범으로서 방향orientation 결정의 관념을 선택sélection의 관념으로" 대체하고자 하는 현장 실무자들의 철학에 영감을 받았다는 점에 그 공로가 있다고 보았다. 여기서 "존중"의 의미를 명확히 하기 위해 캉길렘이 다루었던 대표적인 주제를 참조할 수 있다. 존중은 과학적으로 선결정된 추정된 적성을 향한 "조정"이 아니라 "독특한 자질을 발견하고 닦아 나가라는 권유"가 되어야 한다. 이 권유가 잘 이루어졌는지는 "자신의 고유한 관심을 표현하고, 충족시키며 아이 스스로 인식한 자유"를 통해 확인할 수 있다. 캉길렘은 모노의 보고서 『중고등 교육에 있어 직업적 올바름』*La Probité professionnelle dans l'enseignement secondaire*(1924)[16]에 제시된 교육자의 직무에 대한 정의를 격찬한다. 교육자는 주어진 지식을 알려 주는, 혹은 흔히 말하듯 "전달하는 데" 만족하는 단순한 "지식 분배자"가 아니라 "가능한 것을 향한 성향을 일깨우고 자극할 수 있는" 실천가이다. 모노는 다음과 같이 쓴다. "우리의 역할은 사유하게 하고 문제를 드러내는 것이며 […] 훌륭한 학생들이 본인의 지성에 만족하기보다는 우려를 갖도록 만드는 것이다." 자신의 주요 주장 중 하나가 이 염려와 깊이 연관되어 있던 캉길렘은 모노에게 갈채를 보낼 수밖에 없었다. 캉길렘이 인정했던 『아이와 우리들』*L'Enfant et nous*(1950)에서 주장된 이념처럼, "어떤 민감함을 중시하지 않고서라면 우리는 지성을 일깨우고, 훈련하고, 이용할 수 없다. 더 나아가 이 사유의 활동은 본인의 관심에 따르는 목적을 향하는 주체에 의해 행해질수록 더욱 강렬하고 효과적일 수 있다."

캉길렘은 1924년 보고서의 격언을 인용하며 다음과 같이 결론 내린다. "교양이 없이는 교육도 없다. 맞춤법의 위기는 도덕적 위기다." 1981년 오늘날, 이 언명을 돌이켜 보는 것이 부적절하다고 누가 말할 수 있겠는가?

에필로그

캉길렘이 1960년대의 사유에 제기한 문제의 파급력과 지성계에 가한 자극이 얼마나 강했든지 간에, 그의 작품을 이 시대에 원숙해진 과감하거나 성가신, 혹은 일시적이거나 영속적인 사유들에 영감을 준 어떤 비밀로서 역사에 그려 내는 것은 부당한 일이다. 또한 우리는 더 이상 캉길렘을 다른 누군가가 역사적 인식론에 고고학적 개편을 통해 인문사회과학과 심리학이라는 새로운 고찰 분야를 제시하기에 앞서 시의적절하게 그 적용 영역을 생명체에 대한 과학과 의학으로 넓힌 "바슐라르의 후계자"이자 인식론적 전통의 대표자로만 간주할 수 없다. "바슐라르, 캉길렘, 푸코"의 계보가 프랑스 과학철학의 반실증주의적 전통에 정확히 부합하는 것은 사실이다. 하지만 이 계보에 집중하여 1920년대 말부터 알랭에게 교육받은 발레리의 찬미자이자, 베르그손에 대한 세심하고 비판적인 독자였으며,[1] 정치적, 도덕적 문제에 천착하던 진정한 의미의 철학자가 지닌 가치를, 또한 동시대의 다른 이들과는 달리 1995년 눈을 감는 날까지 그렇게나 많은 전우들의 죽음을 목격하는 데에서 오는 감정적, 지성적 시련을 겪어 낸 레지스탕스 영웅의 독특한 가치를 가려 버려서는 안 될 것이다.[2] 1987년, 캉길렘은 CNRS의 메달을 수여받는다.

어떠한 전조도 없이 1937년 의학 연구를 시작하고, 이 연구를 스트라스부르 대학에서까지 이어감으로써, 캉길렘은 철학자로서 본인의 형성 과정에 그 현재성이 60년이 지난 오늘날에도 모든 독자들을 놀라게 하는 구체적이고 윤리적인 함의를 더했다.

이 "현재성"의 마지막 사례만을 짚고 넘어가도록 하자. 캉길렘은 1959년 『고등교육 평론』*Revue de l'enseignement supérieur*에 "치료학, 실험, 책임"Thérapeutique, expérimentation, responsabilité[3]라는 제목의 글을 싣는다. 이 글에서는 오늘날 소위 생명 윤리에 속한다고 일컬어지는 모든 문제들이 철학적 관점에서 명확하게 다뤄지고 있다.

이 글에서 캉길렘은 새로운 치료학적 가능성에 마주한 의사의 "태도"와 "의무"에 관련된 진정한 "의학적 의식의 위기"가 닥쳤다고 말한다. 이 위기는 "치료학적 과감성을 바라는 동시에 의심하는 실질적, 잠재적 환자들"의 양가감정에 의해 더욱 심화되고 있었다.

사람들은 한편에서는 가장 현대적이고 효과적인 치료법을 적용받기를 원한다. 다른 한편에서 사람들은 현대 기술에 잇따르는 통상적인 "탈자연화"가 의사를 통해 인간 신체를 공격하지는 않을까 겁낸다. 이로부터 가치들 사이의 날카로운 대립이 도출된다. 한편에는 "비인격적인 생물학적, 사회적 가치라는 미명하에" 치료학적 실험을 할 권리를 주창하는 기술 지상주의적 가치가 있다. 다른 한편에는 개인들이 "자신들의 고유한 신체에 대해 어떤 권리를 갖고 있다고 믿게" 만드는 "생 감수성"의 가치가 있다.

누가 여기서 결단을 내려야 하는가? 신학자? 법률가 혹은 법학자? "오늘날 새로운 의학적, 외과적 기술들이 그렇게나 쉽게 경솔함으로 치부해 버리는, 도덕감이 허용하는 범주 내에서 제시되어야 하는 동시에 치료학적 과감성도 포함해야 하는 규범적 진술이나 처방에 관한 한 전문자격 따위는 존재하지 않는다"는 사실을 인정하도록 하자.

이 점에 대해 철학자는 무엇을 말할 수 있고, 말해야 하는가? 의학적 실천에 관한 반성적 분석과 과학과 기술 사이의 우선권에 대한 반실증주의적인 인식론적 전복에 의해 밝혀지는, 클로드 베르나르(Claude Bernard, 1813~1878)가 확언했던 "의사는 항상 실험해 왔다"는 첫 번째 지적 사항은 의사의 행위에 대해 시사하는 바가 있다. 캉길렘의 두 번째 지적 사항은 의사가 문제시될 때면 그가 항상 거론했던 사항에 상응한다. "의사에게 중요한 것은 항상 개체이다." 이로부터 상황의 긴급성과 우리가 정확히 "실천가"라고 부르는 사람들이 따라야 할 "생의 편을 들어야 하는 직업적 의무"가 도출된다.

그러나 만약 "돌본다는 것이 실험하는 것"이라면 이 실험은 독자적인 환자 개인의 염려에 의해서 인도되어야 하지 환자를 통해 어떤 질병을 더 잘 알고자 하는 욕구에 의해 인도되어서는 안 된다. 그러니 "모든 실험적 행동에 대한 배척"은 삼가도록 하자. 반대로 의사들에게는 의사라는 직함에 걸맞은 인간이 되기 위해 그들이 충족시켜야 하는 모든 지성적, 도덕적 요구사항들을 —— 캉길렘에 따르면 "짓누르는 듯 압도적인" —— 가르쳐야 한다. 다수의 의사들이 이 책임을 회피한다는 것을 설명하기 위해 캉길렘은 프로이트를 참조한다. 의사들은 회피와 망각 기제를 거쳐서만 종래에 이 책임을 인정한다.

1959년 캉길렘은 이러한 거부를 제거하는 것, 의사들이 그들의 책임을 스스로 평가할 수 있게 만드는 것이 무엇보다도 먼저 의학 교육의 개혁을 요구한다고 쓴다. 신입생일때부터 미래의 의사들은 오직 "과학적인" 과목뿐만(해부학, 생리학, 생화학…) 아니라 "환자의 심리학, 질병의 생명적 의미, 의사의 의무, 질병과 의학의 심리사회학"을 배워야 한다.[4] 철학적으로 고찰된 이러한 조건들 아래에서 의사의 직업적 책임이 엄격하게 비준될 수 있을 것이다. 의학이 새로운 기술적 권력을 얻기 위해 냉혹하고 근본적인

"신성 박탈"을 대가로 지불하기 때문에, 캉길렘은 "비교적 짧은 시일 내로" 의사가 출두하여 자신의 결정에 대해 증언해야 하는 법정이 더 이상 그의 양심상의 법정 혹은 의사협회의 법정이 아니라 실질적인 법정이 될 것이라 예측했다. 따라서 재판관은 결국엔 실제로 재판관이 될 것이다. "의학적 양심과 행위의 개혁"을 거치지 않는다면 여기서 기인하는 곤란함을 어떻게 피할 수 있겠는가?

1927년부터 60여 년 이상 쓰인 캉길렘의 글 전부를 읽어 보면, 우리는 철학 분야에서든 과학사 분야에서든 그의 철학을 이끌고 있던 것이 윤리적인 문제라는 사실을 강조하지 않을 수 없다.

1945년부터 캉길렘의 철학에 영향을 미친 것은 인간적 삶이 어떠해야 하는지에 대한 성찰을 자신의 행동에 고통스럽게 녹여 냈던, 그의 학우이자 전우인 장 카바이예스의 초상이라 말할 수 있다. 캉길렘은 나치에 의해 희생된 수학자, 철학자이자 투사였던 알베르 로트망(Albert Lautman, 1908~1944)[5]과 장 고세(Jean Gosset, 1912~1944),[6] 피에르 칸(Pierre Kaan, 1903~1945),[7] 조르주 폴리체[8]에 대해 언급하기도 잊지 않았다…. 그렇지만 캉길렘은 이 "본보기적" 삶 중에서도 카바이예스의 삶을 특별하게 여겼다. 캉길렘은 카바이예스에 대한 다수의 아름다운 글을 남겼다. 이 간략한 연구를 마치기에 이 글에 담긴 윤리적 함의를 기술하는 것이 적합할 듯하다.[9]

캉길렘은 1945년 스트라스부르의 발표에서 처음 제기했던 질문을 2차대전이라는 사건에 본인만큼이나 연루되어 있지는 않았던 대중들 앞에서 이루어진 여러 연설에서 반복해서 제기했다. 이 질문은 "철학자로서의 카바이예스와 레지스탕스로서의 카바이예스의 단일성"에 대한 질문이었다. 캉길렘에 따르면 철학에서 가장 추상적이고, 가장 "순수하며" "자율적인" 활동, 즉 수리철학에 천착한 카바이예스가 어떻게 독일 강점기 초기부터 레지스탕스 운동에 —— 카바이예스의 경우 이는 단순히 이데올로기적이고 프로파간다적인 것이 아니라 조직적이고 군사적인 것이었다 —— 투신할 수 있었을까? 캉길렘의 대답은 한결같았다. 이 단일성은 "논리적 엄격함"에서 찾아야 한다. 카바이예스는 1930년대 초부터 장학생으로 독일에 머물렀으며 그로부터 영감을 얻기 위해 여러 번 게오르그 칸토어(Georg Cantor, 1845~1918), 다비드 힐베르트(David Hilbert, 1862~1943), 에드문트 후설(Edmund Husserl, 1859~1938)의 합리적 순수 사유를 검토했다. "삶으로부터 연구를, 사회로부터 지성을 분리하지 않은 채" 카바이예스는 독일과 독일의 혈기를 이해해가기 시작했으며 1934년 공포를 느끼며 『나의 투쟁』*Mein Kampf*[*]을 읽었다. 그는 나치즘에 노출된 독일 합리주의 전통이 받고 있는 위협의 심각성을 완벽하게 이해했다. 1940년, 카바이예스는 철학적인 이유에서 어떠한 주저함도 없이 실질적인 레지스탕스 활동을 시작했다. 그는 손에 무기를 들고 위험에 빠진 이성을 수호했다. 캉길렘은 1944년 2월 17일 아라스

요새에서 처형당할 때까지 레지스탕스에서 카바이예스의 책임이 점점 막중해지고 있었다는 사실을 상기시켰다.[10] 캉길렘이 그 무엇보다도 찬사를 보낸 것은 이 독보적인 지도자가 "정당 가입, 정치기구의 원조, 무엇이 되었든 그 어떤 조직체의 지원도 받지 않은 채로" "본인의 철학적 요청으로부터 곧바로 투쟁의 의무를 도출해" 냈다는 사실이다. 한 개인으로서 카바이예스는 "철학적 의식의 순수한 자율성"을 구현했다.

새로운 영역에서 캉길렘이 끊임없이 주장해 왔던 것은 결국엔 바로 이 자율성이다. 아마도 카바이예스는 과거 어느 날엔가 자신의 학우 아롱에게 털어놓았던 것처럼 스피노자주의자가 되기를 바랐을 것이다. 왜냐하면 그는 어디에서나 마찬가지로 수학에서도 "본질은 존재에 어떤 것도 빚지고 있지 않으며, 참이기 위해서 존재할 필요도 없다"고 생각했기 때문이다. 그러나 『뇌와 사유』에서 캉길렘 본인은 스피노자에게서 미세한 데카르트적 균열을 포착한다. 스피노자의 고유한 체계에 대한 모든 결정론적 해석으로부터 카바이예스를 보호하고, 그를 "신중함으로부터" 삶의 위험으로 투신하게 했던 그 균열 말이다.

---

* 『나의 투쟁』은 아돌프 히틀러가 1924년에서 1925년 동안 집필한 책이다. 히틀러 본인의 출생과 어린 시절, 초기 나치 당원으로서의 행적 등이 쓰여 있다는 점에서 이 책은 자전적 성격을 지녔다. 하지만 히틀러가 자신의 이데올로기적 야망을 드러낸다는 점에서 이 책은 정치적 성격도 지녔다 할 수 있다.

조르주 캉길렘에 대한 단편적 기억

내가 조르주 캉길렘을 처음 만났던 것은 1967~1968년 학기 초 늦은 오후 소르본의 중정에서였다. 그는 대강당에서 막 나오던 차였다. 바슐라르의 인식론에 대해 공부하고 싶었던 나는 그에게 내 석사 논문 지도를 요청하러 갔다. 내가 학생으로 있던 윌므가 고등사범학교의 "카이만"* 루이 알튀세르(Louis Altusser, 1918~1990)가 추천한 일이었다. 마르크스에 대한 "과학적" 재해석을 위해 알튀세르 본인 또한 예기치 못하게 사용하게 된 인식론적 "단절" 관념의 용법이 심화된 검토를 요구한다는 데에는 그 또

---

* 고등사범학교의 수험 지도교사, 혹은 자습 감독관을 지칭하는 재학생들 사이의 은어이다. 19세기 실제로 카이만 악어를 닮았던 감독관에 붙였던 별명이 지금까지 내려오고 있다.

한 동의했었다.

사람들은 내게 경고했다. 고등사범학교 동기들 사이에서 "르캉"Le Cang으로 불리던 캉길렘은 결코 녹록한 인물이 아니었다. 그는 이러한 종류의 요청에 쉽사리 응해 주지 않았다. 내가 마주친 짧은 머리와 다부진 체격, 동그란 눈과 강렬한 시선을 지닌 작은 남자는 내게 거칠게 말할 만한 이유가 있었다. 마치 이런 요청이 터무니없는 일이라도 되는 양 그는 답했다. "바슐라르? 아, 그에게 관심이 있나?" 상냥하진 않은 말투로 그는 답을 이어 나갔다. "고등사범학교에서 석사 논문 지도를 할 수 없다는 이유로 알튀세르의 대리인 역할을 맡는 것은 지긋지긋하네!" 나는 버티며 그에게 이유를 설명했다. 캉길렘은 자신의 세미나에 참석한다는 조건하에 내 요청을 승낙했다. 이렇게 어린 학생이었던 내가 캉길렘이 1955년 바슐라르에게서 이어받은 푸르가의 과학사-기술사 연구소의 작은 세미나실에 출석하게 되었다. 매주 목요일 오후 5시, 캉길렘이 강의를 하는 날이 아닐 때면 열네댓 명의 학생들 중 한 명이 자신의 연구 주제에 대한 발표를 하고 질문을 받았다. 모두가 동등한 대우를 받았다. 대부분의 학생들은 이미 여러 해 동안 이 세미나에 참석하고 있었다. 참석하는 학생과 다뤄지는 주제는 놀랍도록 다양했다. 나와 같은 학생들뿐만 아니라 일반의, 정신과의, 체육 교사까지 포함하여 다수 전문 분야의 교사들, 고위직 공무원뿐만 아니라 과학사 연구자들까지도 이 세미나에 참여했다. 우리는 1965년 노벨 의학상을 수상한 세 명의 과학자 프랑수아 자콥(François Jacob, 1920~2013), 앙드레 르보프(André Lwoff, 1902~1994), 그리고 자크 모노(Jacques Monod, 1910~1976)가 각자의 연구에 대해 토론하기 위해 세미나에 참석하는 것을 보았었다. 이 과학자들은 『생명에 대한 인식』을 쓴 저자의 사상에 큰 가치를 부여하고 있었다. 우리에게 감명을 주고, 열정을 불러일으킨 것은 만족을 모르는 지성을 지닌 인물 아래서 공부하는 것, 철학자라면 교육과정에서 절대로 접해 보지 않았을 텍스트에 파고드는 것이었다. 새로운 세미나 참가자에게 어떤 정신적 환기는 보장된 것이었다. 우리는 플라톤, 아리스토텔레스, 칸트, 베르그손 혹은 헤겔을 알고, 아니 안다고 믿고 있었다. 세미나에서 우리는 라마르크, 다윈, 할러, 캠퍼 혹은 피넬, 비샤, 부르세, 클로드 베르나르가 장악하고 있는 무대를 탐구하다가 이따금씩 이 철학자들의 이름과 마주칠 뿐이었다. 우리에게 과학사는 철학사의 예상치 못한 배후가 발견되는 새롭고 매력적인 영역이었다. 뿐만 아니라 캉길렘은 하나의 관념을 포착하고 그 계보를 추적해 우리에게 이해시키는 데 특출났다. 캉길렘은 잘 알려진 단절에만 주의를 기울이지 않고, 유래와 연속성 또한 추적하였다. "이건 어디서 왔지?" 강박적으로 반복되던 이 질문은 때로 우리를 몇 시간 동안이나 단하나의 문단에 붙잡아 두었다. 우리 모두가 생각에 잠기는 캉길렘의 제스처를 기억한다. 이 제스처는 필시 알랭으로부터 왔을 것이다. 알랭은 자신의 저서 『관념과 시대』*Les Idées et les Âges*[1]에서 다음과 같이 썼다. "나는 반성의 활동성이 눈을 감았을 때, 그리고 감긴 눈꺼풀에 두 손의 이미지를 투영할 때 나아진다는 사실을 알게 되었다. 이내 휴식을 마친 듯한 눈은 세상을 향해 다시 열린다." 역사는 언제나 현재에 대한 탐구를 조망하기 위해 혹은 가능한 것들의 장을 드러내거나, 다시 드러내기 위해 소환되었다. 이는 시대의 청사진을 그려 내는 그런 유의 작업은 아니었다. 왜냐하면 이 주도면밀한 철학자는 다만 텍스트 원본과 역사 기록 방식에만 주의를 기울였기 때문이다. 캉길렘은 미리 표시해 두었던 문장들을 다시 세심하게 읽기 위해 책상에 오래된 책을 여러 권 쌓아 두곤 했다. 그는 곧잘 벌떡 일어나 예약해 둔 책을 받기 위해 그리 크진 않았지만 귀중한 자료들이 모여 있던 과학사-기술사 연구소의 도서관 열람실 데스크를 향해 뛰쳐나가곤 했다. 분석을 요약하고 판단을 정식화하기 위해 수많은 시행착오와 재고를 통해 선별된 적합한 단어를 찾아볼 수 없다면, 캉길렘은 절대로 우리의 집단적 연구 작업이 완결되었다고 평해 주지 않았다.

익히 알려져 있듯 1967년부터 1968년은 소란스러운 한 해였다. 일단 철학과 교수들의 작은 세계를 동요시킨 학계의 두 가지 사건이 있었다. 이해 1월, 진정한 데리다가 되기에 앞서 우리에게 후설과 루소를 가르치던 고등사범학교의 두 번째 카이만 자크 데리다(Jacques Derrida, 1930~2004)가 프랑스철학회에서 그에게 큰 명성을 안겨다 준 "차연"La différance² 을 발표하였다. 2월에는 알튀세르가 같은 학회에서 발표를 할 차례였다. 그는 프롤레타리아의 상징인 카스케트 모자를 눌러 쓰고 철학 교수들을 "부르주아 계급에게 보수를 받는 학위 받은 종놈"으로 취급했던 독일 노동자 조제프 디츠겐(Josef Dietzgen, 1828~1888)을 인용한 후 고무된 채 연단에서 내려왔다. 짧고 건조한, 혹은 길고 어색한 질문이 이어졌다. 대답은 경우에 따라 퉁명스럽고 냉소적이었다. 발표의 마지막을 장식한 학생들의 박수갈채가 몇 주 후면 이들이 "특권적 지식인"이라 비난할 교수들을 향한 도전처럼 울려 퍼졌다. 대강당 중앙 즈음에 앉았던 나는 동료 교수들과 함께 맨 앞줄에 앉지 않고 스피커 뒤편에 양반다리로 앉아 있던 캉길렘의 표정을 볼 수 있었다. 팽팽한 긴장감이 감도는 이 광경을 그는 즐거움을 간신히 감춘 채 바라보고 있었다. 더웠던 오뉴월까지도 캉길렘은 이 태도를 견지했다. 소르본이 점거되었을 때 그는 다른 동료 교수들과 달리 나아질 날을 기다리며 자신의 영역을 지켰다. 그는 일단은 즐거워하며 침묵을 지켰지만, 총회의 대집회 이후로 조금씩 분노하기 시작했다. 또한 그는 위원회의 적극적인 저지에도 불구하고 1968년 교수 자격시험이 가능한 한 정상적으로 이루어질 수 있도록 심혈을 기울였다. 우리의 연구소로의 복귀 과정은 험난했다. 이는 기억에 남을 만한 호된 꾸지람으로 시작되었다. "만족해도 좋네! 자랑스러워할 만해! 자네들은 우리가 20년부터 이루고자 했던 모든 것들을 파괴해 버리지 않았나!"

내 연구의 내용에 관해서라면, 캉길렘은 이제는 '사건'이라 불리는 소동이 있기 얼마 전부터 내게 3월에 발표할 것을 권했었다. 당시 그는 내 발표와 관련하여 나를 심문했었다. "뭘 그렇게 망설이는가? 뭘 기다리는 건가? 자네 또한 철학의 인식론화라는 일반적 흐름에 편승하고 싶은 건가? 그건 다음에 설명할 사안이지. 내가 기다리고 있잖나!" 심문은 두 시간 동안 더 이어졌었다. 이번에 그는 칭찬을 아끼지 않았다. 애당초 나는 내 발표문을 봄이면 제출할 수 있을 것이라 생각했다. 하지만 5, 6월 동안 나는 바슐라르와 연구소로부터 다소 멀어져 있었다. 그러나 7월부터 나는 다시 공부에 집중하고 여름 내내 연구했다. 1968년 9월 나는 내 글을 제출했다. 이틀 후 나는 연구소에서의 발표를 청하는 '캉길렘'이라고 서명된 전보를 받았다. 걱정이 앞섰다.

내가 어둡고, 고요하며, 흠잡을 데 없이 정리되어 있는 연구소장의 사무실에 들어갔을 때, 세 가지 문장이 나를 맞이했다. "바슐라르는 교수 자격시험 범위에 포함되어 있네. 자네 동료들이 이 시험을 준비하는 데 이 논문이 도움이 될 거야. 나처럼 늙은 특권적 지식인이 자네 논문을 출판하고 서문을 쓴다면 자네에게 곤란한 일이 되겠나?"

이렇게 해서 1969년 브랭 출판사에서 캉길렘의 서문이 실린 『가스통 바슐라르의 역사적 인식론』*L'Épistémologie historique de*

Gaston Bachelard[3]이 출판되었다. 이 책이 여러 언어로 번역되면서, 나는 1959년 칼 포퍼(Karl Popper, 1902~1994)의 "과학적 발견의 논리"Logique de la découverte scientifique(1934; 1959)의 번역판 출간과, 토마스 쿤(Thomas S. Kuhn, 1922~1996)의 "과학 혁명의 구조"La structure des révolutions scientifiques(1962), 그리고 임레 라카토스(Imre Lakatos, 1922~1974)와 폴 파이어아벤트(Paul Feyerabend, 1924~1994)의 텍스트가 출판된 이후로 심화되어 가고 있던 국제적인 인식론 논쟁의 불길에 휩싸이게 되었다.

나는 1969년 교수 자격시험에 지원했다.

새로운 보이콧 위원회가 결성되었다. 보이콧 첫 날 아침 생트 주느비에브 도서관 입구에는 긴장감이 감돌았다. 가장 '프롤레타리아적'이었던 선배들이 급진적인 반엘리트주의적 내용이 담긴 전단지를 배부했다. 교육 당국은 주동자들의 전단지 배부 직후에 기동타격대를 진입시킬 계획을 갖고 있었다. 나는 보이콧에 대한 부정적 의사를 밝혔다. 경찰의 밀착 감시하에서 이를 진행하는 것이 정신적으로 견디기 어려울 것이라 판단한 이는 나뿐만이 아니었다. 교수 자격시험 심사위원장이었던 교육총감 트릭이 우리가 도서관 문턱을 나서는 길을 엄호해 주었다. 동료들에게 아침 나절 간의 사건에 대한 보고서를 캉길렘에게 전달해 달라는 임무를 받은 나는 푸르가의 연구소로 달려갔다. 그는 우리의 결정을 승인해 주었다. 그는 교육부가 다른 교수 자격시험 회기를 조직하게 만들기 위해 최선을 다하겠다고 내게 약속했다. 이렇게 해서 이 해의 철학 교수 자격시험은 두 회기로 진행되었으며, 우리는 9월 피티에-살페트리에르에서 시험을 치렀다. 10월부터 캉길렘은 내 게 상시에의 심리학과에서 인식론 수업을 하기 위한 시간을 할애 해 둘 것을 부탁했다. 나는 대학교 1학년 학생 무리에게 수업하기 위해 자신의 제자 다수를 심리학과 수업에 전진 "배치한" 캉길렘 의 결정에 놀랐다. 돌이켜 보면 그는 심리학의 영토에서 일종의 명예전투를 이끌었던 것 같다. 우리가 제기하는 "심리학이란 무 엇인가?"라는[4] 질문을, 혹은 우리들 중 몇몇이 전파하는 라캉주의 적 프로파간다를 더는 듣고 싶지 않았던 심리학과 사무실은 이듬 해 우리를 쫓아냈다. 내가 1년간 무급휴가를 냈던 차였기에 캉길 렘은 내게 지체 없이 그가 후일 "과학적 이데올로기"[5]라 부르게 될 것을 연구하기 위해 허버트 스펜서를 주제로 박사 학위 과정을 시 작하라고 조언했다.

선택의 순간이 왔다. 당시 "방센느"에 가담했던 다수의 동료 들처럼 바로 고등교육기관의 강사가 될 것인지, "고등학교에서 수 업을" 할 것인지. 방센느에 가려던 생각은 전혀 없던 내게 캉길렘 은 큰소리로 말했다. "고등학교에서 수업하는 것은 그리 나쁘지 않은 선택일세! 오히려 진짜 교육법은 고등학교에서 배울 수 있 는 법이지!" 그러다 난데없이 웃으며 말했다. "예를 들면, 칠판에 자네 이름을 쓰는 방법을 배울 수도 있고!" 그는 말을 이어 갔다.

"나는 샤를르빌 고등학교에서 교육자로서의 경력을 시작했네. 만약 카바이예스가 나를 찾아오지 않았더라면 나는 분명 고등학교에 남아 있었을 거야." 잠시 숨을 고른 후에 그는 다시 말을 이어나갔다. "고등학교에서의 교육 경험은 나를 정말 많이 바꾸어 놓았네. 나는 매년마다 내 수업 계획을 몇 번이고 다시 썼지. 정말 좋은 훈련이었어."

한 편집자가 내게 캉길렘의 역작 "정상적인 것과 병리적인 것"의 스페인어판 서문을 써 줄 것을 요청했었다.[6] 아마도 알튀세르의 추천이었겠지 싶다. 나는 출판 전에 캉길렘에게 나의 서문을 읽어 줄 것을 요청했다. 나로서는 매우 놀랍게도 그는 내 글에 아무런 토를 달지 않고 내게 깊은 감사를 표했다.[7]

2년 후 그라세 출판사에서 내가 윌므가의 고등사범학교에서 했던 강의를 편집하여 『바슐라르. 낮과 밤』*Bachelard. Le jour et la nuit*을 출판했다. 나는 이 책에서 당시 내 관점에 따라 바슐라르 저작의 두 측면—인식론적인 측면과 시적인 측면—사이의 수수께끼 같은 관계에 대해 논하고자 했다. 책이 출판된 후 얼마 지나지 않아 캉길렘에게서 생-제르맹 대로 식당에서 점심 식사를 하자는 연락이 왔다. 만나자마자 활짝 웃으며 그는 내 책이 "옳다고만 하기엔 너무 아름다웠고", 더 이상 다른 이의 책에 대한 글을 쓰지 말고 나만의 글을 써 다른 사람들이 자신의 글에 대해 무언가를 쓰는 행운 혹은 불행을 느껴 보라 재촉했다. 이 간명한 충고는 내

기억에 깊이 각인되어 있다. 이날의 금지를 위반하기까지 30년이 걸렸다. 내게 그럴 만한 계제가 있었는지는 이 책의 독자들이 판단할 몫이다. 당장의 자리에서 나는 그에게 최근 리센코 사건*에 대한 연구에 착수했다고 알렸다.[8] 캉길렘은 마르셀 프르낭(Marcel Prenant, 1893~1983)의 망설임과 불행한 말년, 자크 모노의 분개와 공산당에 가담한 지식인 다수의 비열함에 관해 자신이 간직하고 있었던 생생하고 쓰라린 기억들을 내게 이야기해 주었다.

이렇듯 캉길렘은 가식적 태도를 종용하는 세상에서 자신의 학생들과 함께, 단호함 못지 않은 재치와 조금의 애정도 담기지 않은 독특한 지적 관대함을 지닌 채로 나아갔다. 분명 그의 "거친"[9] 철학에 담긴 "투박함"은 이 세계를 당혹하게 만들었다. 이 폴 발레리의 찬미자는 긴 시간 숙고하고 작업하여 만든 모순어법이 정신의 지평에 무엇을 새롭게 열어 줄 수 있는지를 알고 있었다.

자신과 자주 교류한 이들에게 캉길렘이 심어 준 윤리는 "치

---

* 트로핌 리센코(Trofim Lyssenko, 1898~1976)는 구소련의 생물학자이다. 종자들 중에는 보리, 밀처럼 겨울철 휴면을 거쳐야 정상적 발아가 이루어지는 종자들이 있다. 이런 종자들을 인위적으로 저온 처리하여 휴면 없이 정상적 발아가 이루어지게 하는 과정을 춘화처리라 한다. 생물학자로서 리센코는 용불용설을 지지했고, 한 세대의 종자에 춘화처리를 거치면 다음 세대부터는 이 처리를 할 필요가 없다는 결론을 내렸다. 그러나 이는 잘못된 주장이었고, 소련은 기근에 허덕이게 된다. 이러한 오판에도 불구하고 리센코는 소련 생물학계의 주요 인물이 되는데, 이는 그가 자신과 다른 주장을 하는 과학자를 이념적으로 비판하는 데 능했기 때문이다. 리센코 사건은 이념적으로 경도된 과학의 폐단을 보여 주는 대표적 사건이다.

열하게 사유하는 것", 즉 게으른 사유의 경향을 거부하는 데 있었다. 시간이 지난 어느 날엔가 나는 이 윤리를 더 잘 요약할 수 있는 쥘 라뇨의 문구를 발견했다. 캉길렘은 이 문구가 "반박 불가능"하다고 말한 적이 있었다. "악은 본질상 게으름인 이기심이다. 게으름은 쾌락의 추구와 노력으로부터의 회피라는 두 측면을 지니고 있다. 행동한다는 것은 이 게으름과 싸우는 것이다. 다른 모든 행동은 기만적이고 덧없다. 우리가 세상에 홀로 남더라도, 그리하여 주변에 아무도 없고 우리 자신에게 부과되는 그 무엇도 남아 있지 않더라도, 법칙은 동일하게 남아 있을 것이며, 진정으로 산다는 것은 항상 삶의 고통을 감내하는 것일 터이다."[10]

"그러나 이 고통을 그저 견디기보다는 이를 감수하고 자신의 삶을 만들어 가야 하는 것은 아닐까? 다시 한 번 말하지만 이 문제는 지성에 제기되는 것이 아니다. 우리는 자유롭고 그러한 의미에서 회의주의는 옳다. 그러나 아니라고 답하는 것은 세계와 자신을 난해하게 만드는 것이며, 혼돈을 선언하고 일단 자신의 내부에 혼돈이 자리 잡게 하는 것이다. 그런데 혼돈은 아무것도 아니다. 자기 자신과 모든 것을 존재하게 할지 말지, 선택해야 한다."

미주

머리말

1 "Discours sur Bergson" prononcé le 9 janvier 1941, in *Œuvres*, t. I, édition de J. Hytier, Gallimard, 1957, pp. 883~886.

2 Georges Canguilhem, *The Normal and the Pathological*, translated by C.R. Fawcett, introduction by M. Foucault, Zone Books, 1989.

3 M. Foucault, "La vie: l'expérience et la science", in *Revue de métaphysique et de morale*, 90e année, n° 1, janvier-mars 1985, pp. 3~14, reproduit in *Dits et écrits IV(1980-1988)*, Gallimard, 1994, p. 763. 다음의 역서 또한 참조할 것. G. Canguilhem, *The Normal and the Pathological*, op. cit., p. 56 et 456.

4 M. Foucault, *Histoire de la folie à l'âge classique*, Gallimard, 1961.

5 캉길렘은 푸코와는 반대되는 논조로 멘델(Mendel, 1822~1884)에 관한 사고실험에 천착한 바 있다. "만약 자연사가들이 4반세기 동안 이들에게 존재하지도 않았던 멘델의 저작에 담긴 가치를 1865년에 바로 알아보았다면 어떤 일이 벌어졌을까?"

6 사회학 교육에 있어 수년간 교과서적 역할을 했던 피에르 부르디외, 장-클로드 샹보르동, 장-클로드 파스롱의 저작『사회학자의 직무』첫 페이지에서부터 캉길렘이 인용된다. *Le Métier de sociologue*, Mouton-Bordas, 1968.

7 다니엘 라가슈의 동기였던 캉길렘은 평생 정신분석가들과 가깝게 지냈다. 캉길렘은 1930년대부터 프로이트에 대해 익히 알고 있었으며, 그를 수시로 인용했다. 캉길렘은 특히 프로이트의 서신에 담긴 내용을 높이 평가했다. 우리는 차후에『분석 평론』*Cahiers de l'Analyse*의 '라캉주의자' 창립자들이 캉길렘을 인용하는 것을 보게 될 것이다.

8 M. Foucault, *Dits et écrits IV(1980-1988)*, op. cit., p. 764.

9 *Ibid.*, p. 769.

10 G. Canguilhem, "La décadence de l'idée de progrès", in *Revue de métaphysique et de morale*,

vol. 92, n° 4, octobre-décembre 1987, pp. 437~454.

11 프랑수아 들라포르트는 캉길렘의 텍스트가 거의 전부 수록된 문헌목록을 출간한 바 있
    다. F. Delaporte(éd), *A Vital Rationaliste. Selected Writings from Georges Canguilhem*, Zone
    Books, 1994.

1장

1   당대 입시 준비생들의 지적 전기에 관해서는 장-프랑수아 시리넬리의 책을 참조하라.
    J.-F. Sirinelli, *Génération intellectuelle. Khâgneux et normaliens dans l'entre-deux-guerres*(1988),
    Puf, "Quadrige", 1995.

2   가장 최근에 출판된 완성도 높은 알랭에 관한 전기로는 티에리 르테르의 책이 있다. T.
    Leterre, *Alain, le premier intellectuel*, Stock, 2006.

3   르테르가 기록한 미셸 알렉상드르의 이야기를 참조하라. T. Leterre, *ibid.*, pp. 497~498.

4   이 네 권의 책은 『쥘 라뇨에 대한 기억』*Souvenir concernant Jules Lagneau*(1925), 『사상과
    시대』*Les Idées et les Âges*(1927), 『미술의 체계』*Système des beaux-arts*(1920), 『해변가에서의
    대담』*Entretiens au bord de la mer*(1931)을 의미한다. in *Revue de métaphysique et de morale*,
    57(1952), pp. 171~186.

5   1929년 당시 콩도르세 고등학교의 학생이었던 아롱은 이 집단에 대해 다음과 같이 회
    고했다. "고등사범학교에서는 스승의 조언을 기꺼이 스포츠와 시민대학, 노동계와 정치
    탄원의 영역에 적용하고자 하는 튼튼하고 건강한 젊은 청년들의 집단이 격정적으로 들
    끓고 있었다. 사람들은 이들을 '알랭의 신봉자'라고 불렀다. 교무처와 몇몇 학생들은 이
    명칭에 공포스럽다는 의미를 담았지만, 다른 이들은 여기에 친근함을, 때로는 더 나아
    가 존중을 담기도 했다." in R. Aron, L'influence d'Alain, rééd. in *Bulletin de l'Association des
    amis d'Alain*, n° 65, décembre 1987.

6   J.-F. Sirinelli, *Génération intellectuelle. Khâgneux et normaliens dans l'entre-deux-guerres, op. cit.*,
    pp. 31~40.

7   처음에는 주간 잡지였다가 후일 격주간지가 된 이 잡지는 1921년 알랭이 창간했다. 잡
    지의 인쇄는 님(Nimes)에 위치한 미셸 알렉상드르의 동료 출판업자가 맡았으며, 1921년
    부터 1924년에 출판된 첫 번째 시리즈로 유명해졌다. 이 잡지의 각 호에는 알랭이 쓴 "단
    상"이라는 형식의 글과 그의 학생들이 썼던 부록이 실렸다. 이 잡지는 3년간의 휴지기를
    거친 후에 1927년부터 1935년까지 이어질 새로운 시리즈를 내놓기 시작했다.

8   알렉상드르는 1908년부터 알랭의 제자이자 동료였다.

9   잔느는 모리스 알박스(Maurice Halbwacks, 1877~1945)의 누이였다.

10 J.-F. Sirinelli, *Génération intellectuelle. Khâgneux et normaliens dans l'entre-deux-guerres, op. cit.*,
    pp. 322~329.

11 브루소디에는 루이르그랑 고등학교의 고등사범학교 입시반 학생이었으며, 공산주의 학
생회의 일원이었다.

12 이 기사를 쓴 것은 귀스타브 에르베(Gustave Hervé, 1871~1944)였다. 에르베는 1905년
노동자 인터내셔널 프랑스 지부(SFIO)에서 노동 총연맹(CGT)의 혁명적 노동조합과
긴밀하게 협동하여 반전주의의 조류를 확산시켰다. 따라서 "볼테르"는 그를 "과거 어느
날엔가 국기를 더럽혔던 유명한 삼류 기자"라고 지칭했다. 왜냐하면 1914년부터는 그가
초평화주의자에서 초국수주의자로 전향하기 때문이다. 1919년 에르베는 국가사회주
의당을 창립하는데, 이 당은 1922년 프랑스 파시즘 정당으로 변모한다. J.-M. Mayeur, *La
Vie politique sous la IIIe république(1871-1898)*, Seuil, 1973, pp. 202~223.

13 기독노동청년당(Jeunesse ouvrière chrétienne, JOC)과 1937년 설립된 국가 교육자 조합
(Syndicat général de l'Éducation nationale)의 창립자 중 한 명.

14 후일 리옹에 있는 파크 고등학교 입학 준비반의 교사가 되며, 『정신*Esprit*의 공동 창간
자이고, 1980년 만들어졌을 때부터 르 몽드(Le monde)의 철학 평론을 담당했다.

15 이에 앞서 부트루는 『자연 법칙의 우연성*La Contingence des lois de la nature*에 관한 주논
문을 발표했었다.

16 1985년 브랭 출판사에서 재출판되었지만 브륀슈빅의 서문은 빠져 있으며 장-뤽 마리옹
의 머리말이 추가되었다.

17 『데카르트 철학에서의 영원한 진리』의 창조에 관한 이 논문은 자신의 스승 라뇨에게 그
랬던 것처럼 알랭에게도 매우 중요한 문제였다.

18 앞서 인용한 시리넬리의 책(J.-F. Sirinelli, *Génration intellectuelle. Khâgneux et normaliens
dans l'entre-deux-guerres, op. cit.*, p. 595)에 부분적으로 실려 있던 이 텍스트의 전문이 『철학
연구』에 수록되었다. *Cahiers philosophiques*, 69, CNDP, décembre 1995.

19 바레스의 소설 『추방자』*Les Déracinés*(1897)에 첫 번째 '추방인'이자 철학 선생으로 등장
하는 비참한 운명의 폴 부테이예(Paul Bouteiller)의 모티브는 그의 철학 선생이었던 오귀
스트 뷔르도(Auguste Burdeau, 1851~1894)와 그의 후임 쥘 라뇨였다.

20 J.-M. Mayeur, *La Vie politique sous la IIIe République(1871-1898)*, *op. cit.*, p. 290 *sq*. 앙투안 콩
파뇽(Antoine Compagnon)이 편집한 알베르 티보데(Albert Thibaudet, 1874~1936)의 다
음 저서 또한 참조하라. *Réflexions sur la politique*, Robert Laffont, 2007.

21 J. Benda, *La Trahison des clercs* (1927), Grasset, 2003.

22 J. Benda, *La Fin de l'Éternel*, Gallimard, 1929.

23 P. Viénot, *Incertitudes allemandes. La crise de la civilisation bourgeoise en Allemagne*, Librairie
Valois, 1931.

24 J. Schmidt, *Alain, eine Auswahl aus seinen Werken zur Einführung in sein Denken*,

Westermann, Braunschweig, 1931.

25 미셸 카멜리(Michel Cammelli)가 이 글을 번역하여 이탈리아에 소개했다. Gerges Canguilhem, *Il fascismo e i contadini*, Il Mulino, 2006. 캉길렘 전집에는 프랑스어로 번역된 카멜리의 소개글이 함께 실렸다. *Œuvres complètes*, t. I, p. 515~572.

26 캉길렘은 '전체주의적'totalitaire이라는 용어를 파시즘과 나치 체제를 지시하기 위해 사용한다. 이 용어는 무솔리니 집권 당시 이탈리아어에서 불어로 유입되었다(1926년 이탈리아에서 totalitario라는 용어는 정치적 의미를 갖고 있었다). 1933년 자크 바인빌(Jacques Bainville, 1879~1936)이 "하나의 당만이 존재할 권한을 갖는" "일종의 새로운 정치사회"를 지시하기 위해 프랑스에 도입했다. 1950년대 초 이 용어는 소비에트연방 체제를 지시하기 위해 사용되었다. 특히 한나 아렌트와 레몽 아롱이 이러한 용법을 따랐다.

27 이 소책자의 마지막 주석에서, 캉길렘은 자신의 입장에 대한 모든 정치적 해석을 미리 거부한다. "본 연구에서 빈번히 사용된 사회주의라는 단어를 통해 현재 정치 정당의 어떤 견해를 지칭하려 했던 것이 아님을 밝혀 둔다. 우리는 순수하게 이론적인 의미에서만 이 단어를 사용했다…." 캉길렘의 생산공동체가 요청하는 것은 다만 '개인적 해방을 위해서'이다.

28 최근 작고한 장 슈바젤스키(Jean Svagelski, 1924~2009)가 내게 이에 관한 정보를 주었다.

29 출판이 예정되어 있었던 다른 두 권의 책은 『미학 개론』*Traité d'esthétique*과 『심리학 개론』*Traité de psychologie*이었다. 1930년대부터 캉길렘이 교과서(manuel)에 대해 했던 부정적인 말들을 떠올려 본다면, 그는 아마도 이 개론서의 집필을 탐탁치 않아 했을 것이다. 결국 저자들은 본인들의 저서를 "개론"(traité)이라는 단어로 지칭했다. 책의 내적 논리를 고려해 본다면 이 또한 엄밀하게 선정된 단어라 볼 수 있다. G. Canguilhem et C. Planet, *Traité de logique et de morale*, F. Robert et Fils Imprimeurs, 1939.

30 엘리자베스 후디네스코가 자신의 저서에서 묘사한 1930년대 프랑수아 토스켈의 생생하고 호방한 초상을 참조하라. E. Roudinesco, *Histoire de la psychanalyse en France(1925-1985)*, Fayard, 1994, t. II, pp. 203~204.

2장

1 1943년 Puf에서 출판한 초판의 제목은 『정상적인 것과 병리적인 것과 관련된 몇몇 문제에 관한 논고』*Essais sur quelques problèmes concernant le normal et le pathologique*였다. 1950년에는 짧지만 중요한 서문이 추가된 제2판이 출판되었다. 마지막으로 1966년 정상적인 것과 병리적인 것이라는 동일한 주제에 관한 미간행 연구(『정상적인 것과 병리적인 것에 관련된 새로운 고찰, 1963~1966』*Nouvelles Réflexions concernant le normal et le pathologique, 1963-1966*)가 포함된 증보판이 『정상적인 것과 병리적인 것』*Le normal et le Pathologique*이라는 제목으로 Puf의 갈리앙 총서에서 출판된다.

2 F. Bing, J.-F Braunstein, Roudinesco(éd.), *Actualité de Georges Canguilhem. Le normal et le*

pathologique, Les Empêcheurs de penser en rond, 1998에 실린 프랑수아 빙(François Bing)과 장-프랑수아 브론슈타인(Jean-François Braunstein)의 대담집을 참조하라.

3 이에 대해서는 질 레비(Gilles Lévy)와 프랑시스 코르데(Francis Cordet)의 증언을 참조하라. G. Levy, G. Cordet, *A nous, Auvergne! La vérité sur la Résistance en Auvergne*, 1940~1944, Presses de la Cité, p. 272.

4 스트라스부르 대학에서 물리-생물학으로 박사 논문 자격시험을 통과한 교수. 독일 강점기 동안 레지스탕스의 의사로 이름을 날렸다. 캉탈에서 벌어진 쇼드-에그 전투에서 전사했다. 소르본의 지하 납골당에 매장되었다.

5 *Essais sur quelques problèmes concernant le normal et le pathologique, op. cit.*, p.7.

6 앞서 인용한 『제네바 평론』이 1926년 대학생들을 대상으로 수행한 설문조사에서, 라가슈는 설문 응답지의 인적사항 기재란에 다음과 같이 적었다. "1903에 태어난 고등사범학교의 학생. 철학과 의학을 연구함. 정신병리학자 지망." 1956년 장 발(Jean Wahl, 1888~1974)의 철학대학(Collège philosophique)에서 행한 강연에서, 캉길렘은 당시로부터 2년 전에 제기된 심리학의 단일성을 확보하려는 기획을 근본적으로 거부한다. 이 강연의 발표문 "심리학이란 무엇인가?"는 『과학사와 과학철학 연구』에 재수록되었다. G. Canguilhem, "Qu'est-ce que la psychologie?", in *Les études d'histoire et de philosophie des sciences*, Vrin, 1968.

7 *Essais sur quelques problèmes concernant le normal et le pathologique, op. cit.*, p. 2.

8 이 구절에서 캉길렘이 그 어떤 책보다도 좋아했던 발레리의 책 『건축가 에우팔리노스』의 영향이 나타난다. 파이드로스의 그림자가 소크라테스에게 말한다. "나의 영혼처럼 명석하고 완전한 영혼에 있어서는 실천가의 격률이 전적으로 새로운 힘과 형상을 갖게 되는 것이 당연할 일이네. 만약 이 격률이 진실로 순수하다면, 그리고 체험을 일괄하는 정신의 단순한 작용에 의한 수고로부터 헤매는 법 없이 즉각적으로 도출된다면, 이 격률은 철학자에게는 아주 귀중한 성찰의 대상이 될 것이네. 보석 세공자여, 내가 자네에게 주려 하는 것이 바로 이 금괴일세!"

9 G. Canguilhem, *Écrits sur la médecine*, Seuil, 2002.

10 알랑디는 프랑스 의학에서 매우 중요한 인물이다. 그 합리주의에 대한 과도한 왜곡이 동료들을 공포에 떨게 만들었던 『연금술과 의학』*L'alchimie et la médecine*이라는 저서의 저자인 알랑디는 1920년부터 정신분석에 관심을 가졌으며, 파리의 정신분석협회 창립자로서 중요한 역할을 했다. 그의 점성술과 동종의학에 대한 관심때문에 아네이스 닌(Anaïs Nin)은 1932년 자신의 글에 알랑디가 "의사라기보다는 마법사처럼" 보인다고 썼다. 젊은 캉길렘은 당시 지성인들이 비판하던 1929년 알랑디의 저작만을 프로이트에 대한 인용까지 포함하여 인용했지만, 동종요법과 전통적 의사들에 관한 알랑디의 개인적 해석을 수용하지는 않았다.

11 이 책은 1929년 Éditions Au Sans Pareil 출판사에서 출판되었다.

12 캉길렘은 정신분석학자들에 대해 논하기 위해 알랑디뿐 아니라 파리정신분석협회(Société psychanalytique de Paris)의 또 다른 창립자 르네 라포르그(René Laforgue, 1894~1962)의 『정신분석적 임상학』*Clinique psychanalytique*도 인용한다. "Une pédagogie de la guérison est-elle possible?", in *Nouvelle Revue de psychanalyse*, n° 17, printemps 1978, pp. 13~23, G. Canguilhem, *Écrit sur la médecine*, op. cit.에 재수록.

13 프랑수아 다고네(François Dagogner)는 캉길렘의 사유에서 생리학의 지위에 관한 이 물음이 지속되고 있다는 사실을 정확히 지적했다. 다고네는 이 집요함의 원천이 무엇이었는지를 고찰한 바 있다. 그에 따르면 캉길렘의 방법론적 문제 제기의 원천은 인간의 개체성에 관한 철학적 질문이다.

14 *NP*, p. 118. 2005년에 출판된 PUF의 "카드리지"Quadrige판 『정상적인 것과 병리적인 것』*Le Normal et le Pathologique*은 이후 NP로 표기했다.

15 *NP*, p. 59.

16 캉길렘은 자신의 논문에서 동세(allure)라는 표현에 매우 큰 중요성을 부여한다. 속도로 이해되었을 때, allure는 빠르다거나 느리다고 표현될 수 있을 것이다. 한편 리듬이라는 측면에서 이해하면 allure라는 표현으로 걷기, 속보, 구보 등이 지시될 수 있을 것이다. 이에 더해 allure는 사회적으로 어떤 이에 대한 타인의 평가를 표현할 때, 예를 들어 기품이 있다거나(a de l'allure), 자태가 뛰어나다고(fière allure) 표현할 때도 사용된다. 자신의 논증 막바지에서 생리학을 정의하고자 할 때, 캉길렘은 생리학이 "생의 안정된 동세에 대한 과학"이라는 정식을 제안한다. 이는 역동적인 정의이다. 왜냐하면 "동세는 이전의 안정성과의 단절을 통해 시험당한 후에만 안정화될 수 있기"(Ibid.) 때문이다.

17 *NP*, p. 50.

18 *NP*, p. 49.

19 『정상적인 것과 병리적인 것』에서 캉길렘은 신중하지만 분명하게 형이상학적 영역을 암시하고자 하는 몇몇 경우에만 이 정식을 사용한다. 의학에서 "인간이라는 대변인을 내세워 스스로에게 관심을 보이는 것은 바로 생이다"(p. 59). 이 정식은 캉길렘이 한때 독일의 낭만주의적 철학에 근접해 있었다는 사실을 보여 준다. 스트라스부르 대학에 있던 시절 캉길렘의 동료이자 친구였던 조직학자 마크 클라인(Marc Klein, 1905~1975)이 이 독일의 낭만주의적 철학에 대해 글을 쓴 바 있다. M. Klein, *Regards d'un biologiste. Évolution de l'approche scientifique*, Hermann, 1980.

20 *NP*, p. 81.

21 *NP*, p. 139.

22 *NP*, p. 45.

23 *NP*, p. 54.

24 캉길렘은 이 자의적인 해석이 부당하게도 스코틀랜드의 의사이자 흥분과 저하를 중심

으로 질병을 분류한 이론가인 존 브라운(John Brown, 1735~1788)의 역할을 등한시한다는 사실을 드러내는 데 주의를 기울인다. 존 브라운의 이론에 대해선 다음의 책을 참조하라. *Elementa Medecinaie*(1780), trad. R.-J Bertin, *Éléments de médecine*, 1805.

25 *NP*, p. 25.

26 *NP*, p. 34.

27 C. Bernard, *Leçons sur les phénomènes de la vie communs aux animaux et aux végétaux*, 2 vol., 1878~1879, vol. I, p. 244, rééd, Vrin, 2000.

28 *NP*, p. 50.

29 G. Schapira, *Le Malade moléculaire. Un nouveau regard sur la médecine*, Puf, 1994.

30 캉길렘은 콩트의 실증주의가 당대의 작가들을 경유하여 의사들 사이에서 유명해졌다는 사실을 여러 번 강조한다(*NP*, pp. 32~33).

31 D. Lecourt, *Humain, posthumain. La technique et la vie*, Puf, 2003.

32 *NP*, p. 60. 우리는 1937년 이후 캉길렘이 어떻게 기술에 대한 문제를 자신의 의학철학, 과학철학 그리고 도덕론을 통합하는 주제 중 하나로 취하는지를 나중에 살펴볼 것이다.

33 *NP*, p. 62.

34 『정상적인 것과 병리적인 것』 4장의 제목은 "질병, 치유, 건강"(118~134쪽)이다. 『의학론』에 이 주제와 관련된 주요한 두 개의 텍스트가 실려 있다. 이 텍스트 중 하나는 1988년 스트라스부르 대학에서의 강연으로 그 제목은 "건강, 통속적 개념이자 철학적 문제"La santé, concept vulgaire et question philosophique이고, 다른 텍스트는 이미 앞서 한 번 인용한 『정신분석 신평론』에 실린 글로 그 제목은 "치유에 대한 교육학은 가능한가?"이다.

35 P. Valéry, *Mauvaises pensées et autres*, Gallimard, 1942.

36 C. Daremberg *La Médecine. Histoire et doctrine*, J.-B. Baillière et fils, 1865.

37 D. Didrot, *Lettre sur les sourds et muets à l'usage de ceux qui entendent et qui parlent*, 1751, rééd. Flammarion, 2000.

38 G. Canguilhem, *Écrits sur la médecine*, op. cit., p. 70.

39 이는 스트라스부르 대학 이과부의 교수였던 루이 부누르의 다음의 저서에 나타나는 용례들이다. L. Bounoure, *L'Autonomie de l'être vivant. Essai sur les formes organiques et psychologiques de l'activité vitale*, Puf, 1949.

40 G. Canguilhem, *Écrits sur la médecine, op. cit.*, p. 85.

41 *Ibid.*, p. 66.

42 I. Illich, *Die Enteignung der Gesundheit, Medical Nemesis*(1975), trad. par l'auteur et J.-P.

Dupuy, *Némésis médicale*, Seuil, 1975.

43 G. Canguilhem, *Écrits sur la médecine*, op. cit., p. 67. 다음의 논문을 참조하라. "L'idée de la nature dans la pensée et la pratique médicales", pp. 15~31.

44 *NP*, p. 99.

45 철학 교수 자격시험을 통과한 후 고등학교에서 철학을 가르치던 알박스는 뒤르켐 학파의 일원으로서 사회학적 논쟁에 참여하지만 후에 이 학파로부터 거리를 둔다. 캉길렘은 『자유 단상』에 기고했던 알박스의 저서 『자살의 원인』(M. Halbwachs, *Les Causes du suicide*, Alcan, 1930; rééd. Puf, 2002)에 대한 자신의 서평에서 뒤르켐적 추상화에 반대하여 "생활 양식"genre de vie이라는 관념을 제시하기 위해 알박스를 참조한다. 『정상적인 것과 병리적인 것』에 나타나는 케틀레를 언급하는 부분은 자유 단상에 실린 이 서평에 근거하여 쓰였다. 알박스는 스트라스부르 대학에서 몇 년간 강의를 한 후 소르본을 거쳐 콜레주 드 프랑스에서 경력을 마쳤다. 부슌발트에서 체포된 후 감금되어 그곳에서 1945년 3월 16일에 생을 마친다.

46 인용된 책의 제목은 다음과 같다. M. Halbwachs, *La Théorie de l'homme moyen. Essai sur Quételet et la statistique morale*, Alcan, 1913. 알박스가 분석한 케틀레의 저작은 다음과 같다. A. Quételet, *Anthropométrie ou mesure des différentes facultés de l'homme*, Muquardt, 1871.

47 이 주장들에 대해서는 기욤 르 블랑이 자신의 두 저작에서 상세하게 논평했다. G. Le Blanc, *La Vie humaine. Anthropologie et biologie chez Georges Canguilhem*, Puf, 2002., *Canguilhem et les normes*, Puf, 1998.

48 로버트 라이닝어는 다음 책의 저자이다. R. Reininger, *Wertphilosophie une Ethik. Die Fragenach dem Sinn des Lebens als Grundlage einer Wertordnung*, Wilhelm Braumüller, 1939.

49 *NP*, p. 77. 이를 의인주의라고 반박한다면 캉길렘은 다음과 같이 말할 것이다. "우리는 의인주의로 기우는 것에 대해 그 누구보다도 주의를 기울일 것이다. 우리는 생명적 규범들에 인간적 내용물을 부가하지 않는다. 하지만 우리는 만약 규범성이 생의 근원에 어떠한 방식으로든 자리 잡고 있지 않다면 인간적 의식에 본질적일 규범성이 어떻게 설명될 수 있을지를 자문한다."

3장

1 1966년 1월 『분석을 위한 연구』*Les Cahiers pour l'analyse*라는 출판물에서 윌므가의 인식론 학파가 제사로 선택한 문구가 이 점을 잘 보여 준다. 당시의 젊은이들과 열정적인 "인식론자"들은 이 문구를 경문처럼 여겼다. "어떤 개념에 대한 연구는 해당 개념의 외연과 내포를 다양화시키기, 예외적 특성들을 병합하여 개념을 일반화시키기, 개념을 자신이 기원한 영역 밖으로 전파하기, 개념을 하나의 모델로 간주하거나 혹은 반대로 개념에서 어떤 모델을 찾기, 간단히 말해 어떤 규칙에 따라 개념을 가공하여 점차적으로 거기에 형상으로서의 기능을 부여하는 것이다. "바슐라르의 『부정의 철학』*Philosophie du non*

에 나타나는 주요 주장들에 대한 논평으로 여겨진 이 문구는 『과학철학과 과학사 연구』 *Études d'histoire et de philosophie des sciences*, 206쪽에서 재차 언급된다.

2 오늘날 이 표현의 기원에 관한 논쟁이 이어지고 있다. 명확히 말해 두자면 나는 바슐라르의 과학철학을 지시하는 "역사적 인식론"이라는 표현을 캉길렘에게 빚지고 있다. 이 표현은 1969년 출간된 캉길렘의 서문이 실린 나의 석사 논문 제목에 최초로 등장한다. D. Lecourt, *L'Épistémologie historique de Gaston Bachelard* (1969), rééd, 11e éd, Vrin, 2002.

3 D. Lecourt, *Pour une critique de l'épistémologie: Bachelard, Canguilhem, Foucault* (1972), Maspero, 1980.

4 A. Brenner, *Les origines françaises de la philosophie des sciences*, Puf, 2003; M. Bitbol, J. Gayon (éd), *L'épistémologie française (1830-1970)*, Puf, 2006.

5 G. Bachelard, *La formulation de l'esprit scientifique: contribution à une psychanalyse de la connaissance objective*, Vrin, 1938.

6 *Hommage à Gaston Bachelard. Études de philosophie et d'histoire des sciences*, Puf, 1957. 캉길렘의 논고 제목은 다음과 같다. "Sur une épistémologie concordataire", pp. 3~12.

7 G. Bachelard, L'Idéalisme discursif, in *Recherches philosophiques (1934-1935); Études*, Vrin, 1970에 재인용.

8 G. Bachelard, *La philosophie du "non": essai d'une philosophie du nouvel esprit scientifique* (1940); rééd. Puf, "Qaudrige", 2005, P. 139.

9 G. Bachelard, *Essai sur la connaissance approchée*, *op. cit.*, p. 246.

10 G. Bachelard, *La valeur inductive de la relativité*, Vrin, 1929, pp. 240~241.

11 G. Canguilhem, "L'histoire des sciences dans l'œuvre épistémologique de Gaston Bachelard", *Annales de l'université de Paris*, Société des amis de l'Université, 1963, pp. 24~39. 『과학사와 과학철학 연구』에 재수록, Vrin, 1968, p. 176.

12 G. Canguilhem, "Sur une épistémologie concordataire", in *Hommage à Gaston Bachelard. Études de philosophie et d'histoire des science*, *op. cit.*, p. 10.

13 G. Canguilhem, *Études d'histoire et de philosophie des sciences*, *op. cit.*, p. 184.

14 *Ibid*, p. 21. "선구자는 다른 이들보다 더욱 최근에 완성된 경로의 끝에 도달해 본 사유자나 연구자일 것이다. 선구자들을 기리고, 발견하고, 연구하는 데에서 오는 만족감은 인식론적 비판 능력의 결여를 보여 주는 가장 단적인 징후이다. 두 가지 경로의 끝을 하나의 길에 맞대어 놓기에 앞서 먼저 이 두 경로가 실제로 동일한 길에 연관된 것인지를 따져 봐야 한다." 뒤이어 코페르니쿠스의 "선구자"로 여겨지는 사모스의 아리스타르크의 예시가 다뤄진다. 쿠아레도 마찬가지로 이 두 학자의 연관 관계를 다음의 저서에서 비판한 바 있다. *La révolution astronomique, Copernic, Kepler, Borelli*, Hermann, 1961, p. 73. 후일

피크말과 캉길렘은 모페르튀이를 멘델의 선구자로 보는 것이 어떤 점에서 잘못되었는 지를 증명한다. J. Piquemal, "Aspects de la pensée de Mendel" (1965), *Essais et leçons d'histoire de la médecine et de la biologie, op. cit*.에 재수록. 또한 바르텔레미-마돌의 다음의 저서도 참 조할 것. M. Barthélémy-Madaule, *Lamarck ou le Mythe du précurseur*, Seuil, 1979.

15 G. Bachelard, "L'actualité de l'histoire des sciences", in *Revue du Palais de la Découverte*, vol. 18, n° 173, 1951.

16 G. Bachelard, *L'Activité rationaliste de la physique contemporaine*, Puf, 1951.

17 G. Canguilhem, "L'histoire des sciences dans l'œuvre épistémologique de Gaston Bachelard", reprise in *Études d'histoire et de philosophie des sciences, op. cit*., p. 182.

18 G. Canguilhem, *La Formation du concept de réflexe aux XVIIe et XVIIIe siècles*, Puf, 1955.

19 G. Canguilhem, *Idéologie et rationalité dans l'histoire des sciences de la vie. Nouvelles études d'histoire et de philosophie des sciences*, Vrin, 1977. "나의 오류를 공개적으로 시인하고 새롭 게 대두되는 강력한 인식론적 관점에 충성을 서약하기에는, 또 40여 년 전 다소간의 위 험을 무릅쓰고 내 방식으로 주장하기 위해 개량하고, 재검토하고, 방향을 전환해가며 차용했던 몇 개의 방법론적 공리들을 부정하기에는 나는 너무 늙었다."

20 "선구자" 개념에 관해서는 앞의 주석 14를 참조할 것. 캉길렘은 아마도 발레리의 『레오 나르도 다빈치의 방법론에 관한 서설』*Introduction à la méthode de Léonard de Vinci*(1894) 에서 이 개념에 함축된 본질적 관념을 언급하는 최초의 정식을 발견했을 것이다.

21 에밀 뒤 부아-헤몽은 요하네스 뮐러(Johannes Müller, 1801~1858)의 베를린 대학 교수 좌 후임으로 과학철학 정치사의 획기적 사건이었던 이그노라비무스(*ignorabumus*) 연설 을 한 학자이다. 다음의 항목을 참조하라. "Médecine expérimentale", in D. Lecourt(éd.), *Dictionnaire de la pensée médicale*, Puf, 2004.

22 캉길렘의 주장은 『방법서설』에 개진된 초기의 주장을 살펴보면 데카르트가 사실상 생리학 분야에서 일컬어지는 의미에서의 기계론자는 아니라는 것이다. 다음의 저서 를 참조하라. M. Guéroult, *Descartes selon l'ordre des raisons*, t. II: *L'Âme et le Corps*, Aubier-Montaigne, 1953.

23 G. Canguilhem, *La Formation du concept de réflexe aux XVIIe et XVIIIe siècles, op. cit*., p. 115 *sq*.

24 심장과 뇌, 그리고 소뇌의 역할에 대한 "비-데카르트적 견해"와 연관된 새로운 정의.

25 F. Fearing, *Reflex Action. A Study of Physiological Psychology*, Williams & Wilins, 1930.

26 G. Canguilhem, *La Formation du concept de réflexe*⋯, op. cit., p. 59.

27 *Ibid*., p. 70.

28 *Ibid*., p. 72.

29 *Ibid*., p. 114. 캉길렘은 생기론이 "생물학적 뉴턴주의로 간주될 수 있다"고까지 쓴다.

30 G. Bachelard, *La flamme d'un chandelle*, Puf, 1961.

31 우리는 캉길렘이 앞서 언급한 세 번째 공리에서 도출한 이 개념을 바슐라르와 연관시킬
수 있다. "대상은 이념이 취하는 관점이다." 여기에 "아무것도 주어지지 않는다. 모든 것
은 구성된다"는 격률을 추가하면 이 개념이 『응용 합리주의』*Le rationalisme appliqué*에 나
타나는 바슐라르의 주장을 패러디했다는 사실을 알 수 있다. 바슐라르는 다음과 같이 쓴
다: "아무것도 주어지지 않는다. 모든 것은 구성된다." 현대 물리학은 "대상 그 자체"를
향하지 않는다. 물리학은 제이만 효과, 콤프턴 효과, 라만 효과 등등처럼 도구들에 의해
생성된 결과들에 관한 과학이다.

32 G. Canguilhem, *La Formation du concept de réflexe*…, *op. cit.*, p. 161.

33 *Ibid.*, pp. 162~163.

34 메를로-퐁티(1908~1961)에 의해 유명해진 쿠르트 골드스타인의 저작 『유기체의 구
조. 인간 병리학에 근거한 생물학 서설』은 페디다의 서문과 함께 재출간되었다. *Der
Aufbau des Organismus*(1934), trad. D. E Burckhardt et J. Kuntz, *La Structure de l'organisme.
Introduction à la biologie à partir de la pathologie humaine*(1951).

35 L.-C. Soula, *Précis de physiologie*(1947), 2e éd., Masson&Cie, 1953.

36 *Ibid.*, p. 878. 캉길렘은 『반사 개념의 형성…』의 164쪽에서 이 문장을 인용한다.

37 G. Friedmann, *Problèmes humains du machinisme industriel*(1946); éd. augm., Gallimard,
1956. 고등사범학교 출신 프리드만은 캉길렘의 고등사범학교 1년 선배였으며 "사회
자료센터"의 설립자였던 셀레스탕 부글레(Céléstin Bouglé, 1870~1940), 『마르크스주
의 평론』*Revue marxiste*을 창간한 폴 니장(Paul Nizan, 1905~1940)과 함께 ENS에서 연
구했다. 라이프니츠와 스피노자에 관한 다수의 주요 저서를 쓴 프리드만은 자신의 학
자로서의 삶을 당시 획기적인 연구 대상이었던 노동에 대한 문제에 바쳤으며, 그 결실
이 『파편화된 노동』*Le travail en miettes*, Gallimard, 1956이다. 캉길렘의 논문 "환경과 노
동하는 인간의 규범"Milieu et normes de l'homme au travail은 『사회학 국제 연구』*Cahiers
internationaux de sociologie*, Puf, 1947, vol. 3, pp. 120~136에 수록되었다.

38 앞서 인용된 프리드만에 대한 논문에서 캉길렘은 사람들이 스피노자의 반향을 인지하
는 곳에 있는 역설적인 만큼 심오한 정식들을 발견한다. "테일러가 자신의 노동자들에
게 '우리는 당신들에게 사유할 것을 요구하지 않는다.'고 말했을 때 […]: 그는 거칠고 야
만적인 방식으로 문제의 핵심에 이른다. 우리가 인간에게 요구하지 않고는, 그리고 그에
게 생각하기를 금지하지 않고는 인간이 스스로 생각하기를 멈출 수 없다는 것은 분명 불
쾌한 일이었다."

39 G. Canguilhem, *La Formation du concept de réflexe*…, *op. cit.*, p. 166.

40 G. Canguilhem, "Milieu et normes de l'homme au travail", in *Cahiers internationaux de
sociologie*, *op. cit.*, p. 135.

41 *Ibid.*, p. 136.

42 G. Canguilhem, "Dialectique et philosophie du non chez Gaston Bachelard", in *Revue internationale de philosophie*, vol.17, n° 66, fasc. 4, 1963, pp. 441~452, repris in G. Canguilhem, *Études d'histoire et de philosophie des sciences, op. cit.*, pp. 195~207.

43 G. Bachelard, *La philosophie du "non". Essai d'une philosophie du nouvel esprit scientifique*, Puf, 1940, p. 22.

44 G. Canguilhem, *Études d'histoire et de philosophie des sciences, op. cit.*, p. 200.

45 G. Canguilhem, *La connaissance de la vie*, Hachette, 1952, pp. 9~13.

46 G. Canguilhem, "Descartes et la technique", in *Travaux du IXe Congrès international de philosophie*, Hermann, 1937, t. II, pp. 87~92. *Œuvres complètes*, p. 490.

47 "과학과 기술"에 관한 1968~1969년 자신의 강의에서, 캉길렘은 렌즈 제조공인 페리에와 데카르트 사이의 공통점에 대해 언급하고 과학은 "부가적 활동"이라는 유진 뒤프렐의 주장을 논평한다. 이로부터 캉길렘은 과학이 때때로 비-과학에 삽입되며, 따라서 기술과 과학의 관계에 관한 연구를 하기 위해서는 비-과학에 대한 연구를 거쳐야 한다고 결론지었다. "적용"이라는 개념을 분석함으로써 캉길렘은 회고적인 착각을 통해 기술이 적용으로 이해되고 그 결과 과학에 종속된다는 사실을 증명하였다. 기술이 과학에 종속된다는 생각은 특정 기술이 한시적으로 이론의 응용을 통해 개선된다는 사실을 부당하게 일반화시킨 과학자들만의 견해일 뿐이다.

48 캉길렘은 이를 다른 글에서도 인용했다. 캉길렘은 1926년 3월 1일 *Revue de France*, rééd. In P. Valéry, *Œuvres*, t. II, éd. J. Hytier, Gallimard, 1960, pp. 844~853에 수록된 "Retour de Hollande. Descartes et Rembrandt"의 문구에서 영감을 받았다. 여기에서 발레리는 데카르트가 암스테르담의 항구에서 벌어지는 모든 산업 활동에 주의를 기울이며 이곳을 산책했을 것이라고 상상했다.

49 이 텍스트는 1943년의 논문을 예비하고 있었다.

50 G. Canguilhem, "Descartes et la technique", déjà cité, p. 92.

51 *Ibid.*, p. 93.

52 G. Canguilhem, "Activité technique et création", in *Communications et discussions*, Société toulousaine de philosophie, 1937~1938, pp. 81~86. *Œuvres complètes*, p. 499 *sq*.

53 F. Nietzsche, *L'Origine de la tragédie ou hellénisme et pessimisme*(1871), trad. J. Marnold et J. Morland, Mercure de France, 1901.

54 이것이 캉길렘이 안드레 르루아-구랑(André Leroi-Gourhan, 1911~1986)과 알방 미셸의 『환경과 기술』*Milieu et technique*, 그리고 "프랑스 지리학파"(폴 비달 라블라슈(Paul Vidal de La Blache, 1845~1918)와 막스 소르(Max Sorre, 1880~1962))의 저작을 인용하여 말하

고자 했던 바이다.

55 G. Canguilhem, "Activité technique et création", *op. cit.*, p. 86, *Œuvres complètes*, p. 499 *sq*.

4장

1   G. Canguilhem, *Études d'histoire et de philosophie des sciences*, *op. cit.*, p. 88.

2   B. Saint-Sernin, "Georges Canguilhem à la Sorbonne", in *Revue de métaphysique et de morale*, Janvier-mars 1985, pp. 84~92.

3   *Georges Canguilhem, philosophe, historien des sciences*, Actes du colloque organisé au Palais de la Découverte les 6, 7 et 8 décembre 1990 par É. Balibar, M. Cardot, F. Duroux, M. Fichant, D. Lecourt et J. Roubaud, Collège international de philosophie et Albin Michel, 1993.

4   G. Canguilhem, *Études d'histoire et de philosophie des sciences*, *op. cit.*, p. 64.

5   *Ibid.*, p. 73.

6   Philosophie et vérité: entretien entre G. Canguilhem, M. Foucault, J. Hyppolite, P. Ricoeur, A. Badiou et D. Dreyfus. Auteur-réalisateur J. Fléchet (16mm N&B, 49min), CNDP, série "Le temps des philosophes", 1965. 이 대담의 내용은 미셸 푸코의『말과 글 1』(1954~1988)에 재수록되었다. M. Foucault, *Dits et écrits I(1954-1988)*, Gallimard, 1994.

7   본서의 "조르주 캉길렘에 대한 단편적 기억"을 참조하라.

8   G. Canguilhem, C. Planet, *Traité de logique et de morale*, op. cit., chap. IX, "Sur la valeur de la science", notamment pp. 170~176. *Œuvres complètes*, p. 791 *sq*.

9   *Ibid*, p. 170. *Œuvres complètes*, p. 791.

10 뒤프렐의 저작, 특히 1932년 캉길렘이 높이 평가한『브뤼셀 대학 잡지』*Revue de l'université de Bruxelles*에서 두 권으로 출판된『도덕론』*Traité de morale*에서 산발적으로 인용. 1949년, 뒤프렐은 PUF에서『다원론 시론』*Essais pluralistes*이라는 책을 출판했다.

11 이 표현은 과학에 대해 논할 때 라뇨가 사용했던 표현이며, 알랭을 거쳐 캉길렘의 사유에 스며들었다.

12 문과부 연맹(Fédération des groupes d'études de lettres, FGEL)의 "철학과 학생회"는 캉길렘의 동의를 얻어 이 강의록을 "존재와 지식의 문제"에 관한 이본 블라발의 수업을 요약한 "교수가 검토한 필기 노트"와 함께 소책자로 출판했다. 나에게 이 문서의 열람을 허가해 준 당시 캉길렘의 비서 프랑수아 르모아스네에게 감사를 표한다.

13 F. Nietzsche, *L'Origine de la tragédie ou hellénisme et pessimisme*, *op, cit.*, p. 74.

14 P. Valéry, *Choses tues* (1930), in *Œuvres*, op. cit., t. II, "Que de choses il faut ignorer pour agir", p. 163.

15 J. Lagneau, *Célèbres leçons*, recueillies par L. Letellier (1859-1926), La Laborieuse, 1926.

16 G. Canguilhem, "De la science et de la contre-science", in S. Bachelard (éd), *Hommage à Jean Hyppolite*, présentation de M. Foucault, Puf, 1971, pp. 173~180.

17 J. Lagneau, in *Écrits*, sur le *Court traité* de Spinoza, p. 53 *sq*.; "Notes sur Spinoza", p. 147 *sq*.

18 Alain, *Les Idées et les Âges* (1927), reproduit in *Les Passions et la Sagesse*, éd. G. Bénézé, Gallimard, 1960, pp. 3~321.

19 *Ibid.*, p. 34.

20 *Ibid.*, p. 35.

21 캉길렘이 1937년부터 의학 공부를 시작한 이유로 이 답을 제시할 수 있을 것이다. 캉길 렘은 "이제껏 내가 철학에서 얻을 수 있었던 순전히 이론적인 차원의 지식에 의학의 가 르침에서, 혹은 어느 날엔가는 의학적 실천에서 얻을 수 있을 몇몇 경험적 지식을 더하 기" 위해서, 혹은 "내가 철학의 영역에서 했던 공부를 생리학적 연구와 병리학적 체험을 통해 완성하기" 위해서 의학 공부에 착수했다고 말한 바 있다. 더하고, 완성하는 것. 캉 길렘이 배웠던 철학과 알랭의 저작 속에서 중요한 역할을 하더라도 순전히 이론적 지식 으로만 제한되어 있던 생리학 사이에는 연속성이 있다.

22 K. Goldstein, *Der Aufbau des Organismus* (1934), trad. D. E Burckhardt et J. Kuntz, *La Structure de l'organisme. Introduction à la biologie à parti de la pathologie humaine*, *op. cit.*

23 G. Canguilhem, *La Connaissance de la vie* (1952), 2e rééd., *op. cit.*, p. 39 *sq*.

24 J. von Uexküll, *Umwelt und Innenwelt der Tiere* (1909), rééd. Julius Springer Verlag, 1921.

25 P. Guillaume, *La Psychologie animale*, Armand Colin, 1940.

26 R. Turró, *Les Origiens de la connaissance*, Alcan, 1914.

27 질 들뢰즈(Gilles Deleuze, 1925~1995)는 1980년 4월 29일의 강의에서 투로에게 경의를 표한다. "지금은 잊혔지만 20세기 초『지식의 기원』이라는 책을 쓴 투로라는 위대한 스 페인 생물학자가 있었다." 들뢰즈는 투로와 라이프니츠를 연관 짓고 라이프니츠의 유명 한 미소 지각에 대한 이론을 거론한 후 본인의 언어로 다음과 같은 해설을 더한다. "어떻 게 동물이 자신에게 무엇이 필요한지 알 수 있을까? 동물은 감각질을 보고, 달려가 그것 을 먹는다. 우리 모두가 감각질을 먹는다. […] 의식과 무의식 사이의 기이한 소통이라 하지 않을 수 없다."

28 알랭연구소에서 2006년 12월 출판된『철학 수업』(루앙, 1900-1901)을 참조하라. 여기 산재한 도상들은 그가 생리학에서 사유 도식을 차용했다는 사실을 보여 준다. *Cours de philosophie (Rouen, 1900-1901)*.

29 L. Bounoure, *L'Autonomie de l'être vivant. Essais sur les formes organiques et psychologiques de l'activité vitale*, *op. cit.* 캉길렘은 세포 이론의 역사에 관한 자신의 해석(『생명에 대한 인식』

을 참조하라)과 치유에 대한 자신의 견해에 문제를 제기하는(57쪽) 이 책을 지속적으로 참조한다. 캉길렘은 부누르와 마크 클라인이 그 "훌륭한 지성"으로 자신을 변화시킨 스트라스부르의 생리학자들이라고 평했다.

30 J. Nogué, *La signification du sensible*, Aubier, 1936.

31 *Ibid.*, pp. 19~33.

32 M. Pradines, *Traité de psychologie générale*, Puf, 1943.

33 『말과 글 1』(1954~1988)에 실린 푸코의 글을 참조하라. *Dits et écrits I(1954-1988)*, *op. cit.*, pp. 120~158.

34 G. Friedmann, *Problèmes humains du machinisme industriel*, déjà cité. Canguilhem "Milieu et normes de l'homme au travail", in *Cahiers internationaux de sociologie*, vol. 3, Puf, 1947, pp. 120~136.

35 G. Canguilhem, "Maurice Halbwachs, l'homme et l'œuvre ", in *Mémorial des années 1939-1945*, Les Belles Lettres, 1947, pp. 229~241.

36 M. Halbwachs, *Les Cadres sociaux de la mémoire*, Alcan, 1925.

37 *Cahiers de l'Alliance israélite universelle*, n° 92, septembre-octobre 1955, pp. 64~91에 실린 발표문. 캉길렘은 『기계화와 철학』*Machinisme et philosophie*(Alcan, 1938)의 저자 피에르 막심 쉴(Pierre-Maxime Schuhl)의 권유로 이 협회에서 발표를 했었다.

38 월터 브래드포드 캐넌, 『몸의 지혜』*The Wisdom of the Body*(1932), trad. Z. M. Bacq (1903~1983), *La Sagesse du corps*, Éditions de la Nouvelle Revue critique, 1946. 캉길렘은 캐넌을 다음과 같이 소개한다. "하버드 대학의 생리학 교수 캐넌은 고통, 허기, 공포, 분노 상태에서 유기체의 변화에 관한 유명한 연구를 진행했다(『고통, 허기, 공포, 분노 상태에서 신체적 변화. 감정적 흥분의 기능에 대한 최근 연구 동향』*Bodily Changes in Pain, Hunger, Fear and Rage: An Account of Recent Researches into the Function of Emotional Excitement*, Appleton, 1915). 항상성 개념의 창안자 중 한 명인 캐넌은 1929년에서 1930년 동안 파리에서 머물렀다.

39 *Prospectives et santé*, n° 14, été 1980, pp. 81~98. 다음의 학회 발표문집에 재수록. *Georges Canguilhem, philosophe, historien des sciences*, *op. cit*.

40 F. J. Gall, J. Spurzheim(1776~1832), *Anatomie et physiologie du système nerveux en général et du cerveau en particulier, avec des observations sur la possibilité de reconnaître plusieurs dispositions intellectuelles et morales de l'homme et des animaux par la configuration de leurs têtes*, 4 t. reliés en 2 vol., F. Schoell, 1810~1819. 콩트는 다소간 유보적으로 이 책에서 "인간 본성에 대한 최초의 과학적 이론"이 나타났다고 간주한다. 캉길렘은 "Galien" 총서에 조르주 랑테리-로라(Georges Lanteri-Laura, 1930~2004)의 『골상학의 역사. 프란츠 조셉 골이 본 인간과 두뇌』를 포함시켰다(G. Lanteri-Laura, *Histoire de la phrénologie: l'homme et son*

cerveau d'après F. J. Gall, Puf, 1970).

41 P. Janet, *Cours au Collège de France(1923-1924)*, 캉길렘의 글에서 재인용, p. 15, in *Georges Canguilhem, philosophe, historien des sciences, op. cit.*

42 *Georges Canguilhem, philosophe, historien des sciences*, op. cit., p. 21.

43 다음의 논문을 참조하라. A. Utaker, conférence au Centre Georges Canguilhem, publié dans le livre collectif dirigé par J.-F. Braunstein, *Canguilhem, histoire des sciences et politique du vivant*, Puf, 2007.

5장

1 F. Scott Fitzgerald, *La Fêlure* (1945), trad. D. Aury et S. Mayoux, Gallimard, 1963, p. 341.

2 캉길렘은 철학 교육 총감이자 교수자격시험 심사위원이었다. 1950년 그는 유네스코가 의뢰한 "다양한 교육 체계 안에서 철학 교육의 위치, 철학이 교육되는 방식과 시민 교육에 철학 교육이 미치는 영향"에 관한 광범위한 조사를 맡은 바 있다. 이 연구의 결과는 다음의 저서로 출판되었다. G. Canguilhem, H. Piñera, L. I. Madkour, E. Fink, N. A. Nikam, G. Calogero, D. MacKinnon, M. H. Moore, R. McKeon, *L'Enseignement de la philosophie: enquête internationale*, Unesco, 1953.

3 Œuvres complètes, t. I, p. 301 *sq.*

4 캉길렘은 피크말의 저서 서문에서 본인의 제자가 철학 교수 자격시험을 통과하고 몇 년간 고등학교 교사직을 맡은 후 1958년 CNRS의 연구자가 되었으며, 뒤이어 소르본에서 강사를, 몽펠리에의 발레리 대학에서 전임강사를 했다고 쓰고 있다. 캉길렘은 당시 상당히 연로하여 프랑수아 들라포트의 보좌를 받고 있었다. 그럼에도 불구하고 캉길렘은 호흡에 관한 피크말의 몇몇 연구와 훌륭한 강의를 "감수하길" 바랐다. 이어 그는 당시 에티엔 발리바르와 내가 맡고 있던 Puf 총서에 피크말의 책을 포함시켜 달라고 부탁했다(J. Piquemal, *Essais et leçons d'histoire de la médecine et de la biologie*(1993), rééd, Puf, 2005).

5 소르본의 교수였던 캉길렘은 대강당에서 이루어지는 강의의 강의록을 본인이 전부 준비하고 집필했지만 여기서 자신이 할 수 있는 것은 학생들에게 "예비 독해"를 시켜 주는 것뿐이라고 생각했다. 이와 대조적으로 세미나에서 그는 "웃옷은 벗어 두고" 엄격하게 선별된, 의욕이 충만한 청중들과 과학사와 의학사의 전문적인 연구 주제에 관해 논의함으로써 그가 소크라테스적 교육의 이상이라 여기던 것을 실현할 수 있으리라 생각했다.

6 Georges Canguilhem, "Méthode", in revue *L'Enseignement philosophique*, mai 1932, *Œuvres complètes*, t. I, pp. 427~431.

7 G. Canguilhem, C. Planet, *Traité de logique et de morale*, op. cit., 1939. *Œuvres complètes*, t. I, pp. 597~627.

8 툴루즈 고등학교에서 캉길렘에게 "마음이 사로잡힌" 학생이었던 카바니스는 다음과 같

이 쓰기도 했다. "나는 그에게 세계를 호기심 어린 시선으로 바라보는 것, 모든 것의 의미가 다가서기만 한다면 흥미로울 수 있다는 것을 배웠다. 왜? 뭘 하려고? 질문에 대해 질문을 던지는 것, 온갖 것을 문제시하는 것, 무심코 지나갈 만한 것은 아무것도 없다는 것. 이것이 그가 우리에게 가르쳐 준 것이었다." J. Cabanis, *Les Années profondes. Journal(1939-1945)*, Gallimard, 1976, p. 65.

9 두 권으로 엮인 『과학사』*L'Histoire des sciences*까지 포함하여 이 작은 총서의 모든 책에서 이러한 특징이 나타난다.

10 『논평』*Commentaire*(14.53)의 1991년 봄호에 실린 이 발표는 어느 포털 사이트에서든 제목만 입력하면 찾아 볼 수 있다.

11 이 호칭에 깔린 저의를 조롱하는 자크 부브레스의 저서를 참조하라. J. Bouveresse, *Rationalité et cynisme*, Minuit, 1924, p. 198 sq.

12 J. Green, *Liberté chérie*(1974), rééd. Seuil, 1989.

13 Y. Belaval, "Pourquoi Leibniz?", in *Les Études philosophiques*, Janvier-mars 1971, pp. 3~12. Et Leibniz, "Une drôle de pensée", in *NRF*, Gallimard, 1er octobre 1958.

14 Alain, *Propos sur l'éducation*, suivi de *Pédagogie enfantine*(1932), rééd. Puf, "Quadrige", 2001.

15 *Gustave Monod: un pionnier en éducation. Les classes nouvelles de la Libération*, hommage collectif publié sous la direction de L. Cros(1908~2000), Comité universitaire d'information pédagogique(Imprimerie de l'Atelier thérapeutique de la MGEN), CEMEA, 1981, pp. 20~25.

16 G. Monod, *La Probité professionnelle dans l'enseignement secondaire*, rapport présenté au Congrès du christanisme social, à Marseille, le 1er novembre 1924, Imprimerie de Corbière-Jugain, 1924.

에필로그

1 캉길렘은 1929년 4월 20일 『자유 단상』에 본인의 이름으로 폴리체가 프랑수아 아루에(볼테르의 본명)라는 가명으로 발행했던 소책자에 대해 아주 세밀하고 꽤나 열정적인 평론을 실었다. G. Politzer, *La fin de parade philosophique. Le bergsonisme*(1929). 이 글의 "과도함"에 단호히 유감을 표하고 베르그손에게 가해진 개인적 비난을 거부하긴 했지만, 캉길렘은 "1인칭적 관점을 취하는" 구체적 심리학에 호의를 표하며 저자를 옹호하려 했다. 다음으로 캉길렘은 두 권으로 이루어진 티보데(A. Thibaudet, 1874~1936)의 저서(Le Bergsonisme(Gallimard, 1923))와 장켈레비치(V. Jankélévitch, 1903~1985)의 저서(*Henri Bergson*(1931; rééd. Puf, "Quadrige", 1999))를 인용하며 베르그손에게 찬사를 보낸다. 그러나 캉길렘은 베르그손주의의 핵심에는 결코 찬성하지 않았다. 캉길렘은 평생 동안 이 『창조적 진화』의 저자에 대한 반발적 근접성을 유지했다.

2 캉길렘은 1995년 9월 11일에 죽었다.

3 *Études d'histoire et de philosophie des sciences, op.cit.*에 재수록 이 글에 1984년 국가윤리자 문위원회(*Comité consultatif national d'éthique*)가 준비한 첫 연례발표회에서 그가 개진했던 고찰들을 추가해야 할 것이다. 이 글은 위원회가 출간한 회보에 수록되었다. *Lettre d'Information*, n° 4, avril 1986, p. 6.

4 심리학과 의료사회학에 관해서는 캉길렘의 영향이 엿보이는 페키뇨 박사의 훌륭한 글, 그 중에서도 특히 다음의 글을 참조하라. *Médecine I. Présentation des sciences de base. Pathologie générale*, P. de Graciansky et H. Péquignot (éd.), Gallimard, 1980.

5 툴루즈의 레지스탕스 운동에 깊이 관여했던 로트망은 1944년 5월 체포되어 8월 1일에 총살당했다. 로트망이 1933년에서 1944년 동안 집필한 수리철학에 관한 글은 다음의 저서에서 찾아볼 수 있다. A. Lautman, *Les Mathématiques, les idées et le réel en physique*, présentation par son fils Jacques suivie d'une étude de F. Zalamea, Vrin, 2006.

6 1945년 9월 26일 해방훈장 수훈.

7 게슈타포에게 고문을 당하고 부헨발트와 글레이나의 강제수용소에 수용되었던 칸은 수용소가 해체되기 며칠 전인 1945년 5월 18일에 죽었다.

8 폴리체는 1940년대 말 대학 레지스탕스 조직자 중 한 명이었다. 1942년 2월 15일 체포되어 3월 20일 나치에 넘겨졌고 1942년 5월 23일 몽-발레리안에서 총살당했다.

9 카바이에스의 삶에 관해선 그의 누이 가브리엘 페리에르의 저서를 참조하라. G. Ferrières, *Jean Cavaillès philosophe et combattant(1903-1944)*, Puf, 1950.

10 1994년 11월 20일 해방훈장 수훈.

조르주 캉길렘에 대한 단편적 기억

1 Alain, *Les Idées et les Âges*(1927), *Les Passions et la Sagesse*, op. cit.에 재수록 p. 15.

2 J. Derrida, "La différance", in *Théorie d'ensemble*, Seuil, 1968.

3 D. Lecourt, *L'Épistémologie historique de Gaston Bachelard*, op. cit.

4 "소르본에서 생-자크 가 쪽으로 나오면 한편으로는 오르막길이, 다른 한편으로는 내리막길이 있다. 오르막길을 따라가면 위대한 인물들이 안치되어 있는 팡테옹에 이르게 된다. 내리막길을 따라가면, 우리는 필시 경찰청을 향하게 된다." 우리는 늘 경찰청을 먼저 떠올리곤 했지만, 소르본의 가까이에는 분명 팡테옹도 있었다.

5 G. Canguilhem, *Idéologie et rationalité dans l'histoire des sciences de la vie*…, *op. cit.*

6 G. Canguilhem, *Lo normal y lo patólogico*. Introducción: "La historia espitémológica de Georges Canguilhem" de D. Lecourt (1971), Siglo XXI Editores, 1986 (7 e éd.).

7 나는 이 글과 바슐라르에 대한 두 편의 논문, 푸코에 대한 한 편의 논문에 내가 인식론에서의 "프랑스적 전통"을 기술한 도입부를 추가하여 『인식론 비판을 위하여: 바슐라

르, 캉길렘, 푸코』에 실었다. *Pour une critique de l'épistémologie: Bachelard, Canguilhem, Foucault.*

8   이 연구는 1976년 출판되었다. *Lyssenko. Histoire réelle d'une science prolétarienne,* 1976.

9   캉길렘이 알랭을 지칭하기 위해 사용했던 이 표현은 본인에게도 아주 잘 어울린다.

10 J. Lagneau, *Écrits réunis par les soins de ses disciples,* Éditions du Sandre, 2006, § 90, pp. 251~252.

참고문헌

F. Bing, J-F. Braunstein, E. Roudinesco (éd.), *Actualité de Georges Canguilhem. Le normal et le pathologique*, Les Empêcheurs de penser en rond, 1998.

M. Bitbol, J. Gayon (éd.), *L'Épistémologie française (1830-1970)*, Puf, 2006.

J.-F. Braunstein (éd.), *Canguilhem. Histoire des sciences et politique du vivant*, Puf, 2007.

A. Brenner, *Les Origines françaises de la philosophie des sciences*, Puf, 2003.

G. Canguilhem, *Le Normal et le Pathologique*, augmenté d'une autre étude inédite, *Nouvelles réflexions concernant le normal et le pathologique (1963-1966)*, PUF, 1966; 9 e rééd. Puf, "Quadrige", 2005.

G. Canguilhem, *La Connaissance de la vie*, Hachette, 1952 ; rééd. Vrin, 1998.

G. Canguilhem, *La Formation du concept de réflexe aux XVIIe et XVIIIe siècles*, Puf, 1955.

G. Canguilhem, G. Lapassade, J. Piquemal et alii, *Du développement à l'évolution au XIXe siècle* [Thalès, 11 e année, 1960] (1962; 2 e éd., 1985), rééd. Puf, "Quadrige", 2003.

G. Canguilhem (éd.), *Besoins et tendances*. Textes choisis, Hachette, 1952.

G. Canguilhem, *Études d'histoire et de philosophie des sciences*, Vrin, 1968.

G. Canguilhem, *Idéologie et rationalité dans l'histoire des sciences de la vie: nouvelles études d'histoire et de philosophie des sciences*, Vrin, 1977.

G. Canguilhem, *Écrits sur la médecine*, Seuil, 2002.

G. Canguilhem, *Œuvres complètes*, Vrin, tomes I à IV, 2001~2015.

Georges Canguilhem, philosophe, historien des sciences, Actes du Colloque organisé au Palais de la Découverte les 6, 7 et 8 décembre 1990 par É. Balibar, M. Cardot, F. Duroux, M. Fichant, D. Lecourt et J. Roubaud, Collège international de philosophie et Albin Michel, 1993.

F. Dagognet, *Georges Canguilhem, philosophie de la vie*, Les Empêcheurs de penser en rond, 1997.

C. Debru, *Georges Canguilhem. Science et non-science*, Rue d'Ulm, 2004.

F. Delaporte (éd.), *A Vital Rationalist. Selected Writings from Georges Canguilhem*, avec une introduction de P. Rabinow et une bibliographie critique de C. Limoges, Zone Books, 1994.

G. Le Blanc, *La Vie humaine. Anthropologie et biologie chez Georges Canguilhem*, Puf, 2002.

D. Lecourt (éd.), *Dictionnaire d'histoire et philosophie des sciences* (1999), 4e rééd. augmentée, Puf, "Quadrige", 2006.

D. Lecourt (éd.), *Dictionnaire de la pensée médicale* (2004), rééd. Puf, "Quadrige", 2004.

도미니크 르쿠르의 다른 저작 목록

L'Épistémologie historique de Gaston Bachelard(1969), rééd. Vrin, 11 e rééd.
augmentée, 2002.

Bachelard. Épistémologie, textes choisis(1971), rééd. Puf ; 6 e rééd. 1996.

Pour une critique de l'épistémologie: Bachelard, Canguilhem, Foucault(1972), rééd.
Maspero, 5 e éd., 1980.

Une crise et son enjeu, Maspero, 1973.

Bachelard, le jour et la nuit, Grasset, 1974.

Lyssenko. Histoire réelle d'une "science prolétarienne"(1976), rééd. Puf, "Quadrige",
1995.

Dissidence ou révolution?, Maspero, 1978.

L'Ordre et les Jeux, Grasset, 1980.

La Philosophie sans feinte, Albin Michel, 1982.

Contre la peur. De la science à l'éthique, une aventure infinie(1990), 4 e rééd. Puf,
"Quadrige", 2007.

L'Amérique entre la Bible et Darwin(1992), 3 e rééd. Puf, "Quadrige", 2007.

À quoi sert donc la philosophie? Des sciences de la nature aux sciences politiques, Puf,
1993.

Les Infortunes de la raison, Vents d'Ouest, 1994.

Prométhée, Faust, Frankenstein: Fondements imaginaires de l'éthique(1996), 3 e rééd.
Le Livre de poche, "Biblio-Essai", 1998.

L'Avenir du progrès, Éd. Textuel, 1997.

Déclarer la philosophie, Puf, 1997.

Science, philosophie et histoire des sciences en Europe, sous la direction de D. Lecourt(1998), rééd. European Commission, 1999.

Encyclopédie des sciences, sous la direction de D. Lecourt, Le Livre de poche, 1998.

Les Piètres penseurs, Flammarion, 1999.

Dictionnaire d'histoire et philosophie des sciences, sous la direction de D. Lecourt(1999), rééd. Puf, "Quadrige", 4 e éd. augmentée, 2006. Prix Gegner de l'Académie des sciences morales et politiques(2000).

Rapport au ministre de l'Éducation nationale sur l'enseignement de la philosophie des sciences(2000) http://media.education.gouv.fr/ file/94/7/5947.pdf.

Sciences, mythes et religions en Europe, sous la direction de D. Lecourt, European Commission, 2000.

La Philosophie des sciences(2001), 3 e rééd. Puf, "Que sais-je?", 2006. Humain posthumain, Puf, 2003.

Dictionnaire de la pensée médicale, sous la direction de D. Lecourt(2004), rééd. Puf, "Quadrige", 2004.

Bioéthique et liberté, en collaboration avec Axel Kahn, Puf, "Quadrige", 2004.

La Science et l'Avenir de l'homme, sous la direction de D. Lecourt, Puf, "Quadrige", 2005.

L'Erreur médicale, sous la direction de Claude Sureau, D. Lecourt, Georges David, Puf, "Quadrige", 2006. *Charles Darwin. Origines. Lettres choisies(1928-1859)*, édition française dirigée par D. Lecourt, Bayard, 2009.

L'Âge de la peur: science, éthique et société, Bayard, 2009.

La Mort de la clinique?, sous la direction de D. Lecourt, Puf, "Quadrige", 2009.

Politique de santé et principe de précaution, sous la direction de D. Lecourt, Puf, "Quadrige", 2011. Diderot: passions, sexe, raison, Puf, 2013.

L'Égoïsme: faut-il vraiment penser aux autres?, Autrement, 2015.

열린 철학의 공간, 그린비 '철학의 정원'

"If you would enjoy real freedom, you must be the slave of Philosophy."
— *Epicurus*